꼬끼오 필로소피

꼬끼오 필로소피

우화로 보는 일상 철학 프로젝트

초 판 1쇄 2025년 01월 23일

지은이 잉팡
옮긴이 왕단
펴낸이 류종렬

펴낸곳 미다스북스
본부장 임종익
편집장 이다경, 김가영
디자인 윤가희, 임인영
책임진행 김은진, 이예나, 김요섭, 안채원, 장민주

등록 2001년 3월 21일 제2001-000040호
주소 서울시 마포구 양화로 133 서교타워 711호
전화 02) 322-7802~3
팩스 02) 6007-1845
블로그 http://blog.naver.com/midasbooks
전자주소 midasbooks@hanmail.net
페이스북 https://www.facebook.com/midasbooks425
인스타그램 https://www.instagram.com/midasbooks

ⓒ 잉팡, 미다스북스 2025, *Printed in Korea*.

ISBN 979-11-7355-064-5 03100

값 25,000원

미다스북스는 다음세대에게 필요한 지혜와 교양을 생각합니다.

꼬끼오 필로소피

잉팡 지음
왕단 옮김

우화로 보는 일상 철학 프로젝트

미다스북스

『꼬끼오 필로소피』의 원제는 '닭의 생활철학'이다.

이야기의 전면에 등장하는 주인공은 지식인 '노구'이지만,
서사를 주체적으로 이끌어가는 힘은 닭들에게 있다.

이야기는 조류 독감으로 숨어 지내게 된 닭들이
무료함을 견디기 위해 그린 한 장의 그림에서부터 출발한다.

닭발로 찍어 그린 수묵화가
신선의 그림으로 추앙받는가 하면,
TV 쇼에 등장한 수탉이 대중 앞에서
힘껏 날아오르기도 하고,
유명 인사가 되어 사람들을 피해
도망 다니기도 한다.

나날이 각박해지고 치열해지는 세상들,
그 속에서 '나'를 잃어버린 채 떠밀려가는 인생의 모습들!

이 책은 철학과는 거리가 멀어 보이는 동물들과,
철학보다는 눈앞의 생활을 유지하는 것이 중요한 배고픈 지식인을 통해
우리에게 또 한 번 '철학이란 무엇인가'라는 질문을 던진다.

특히 지식인의 초라한 처지와 덧없는 욕망을
유머와 냉소의 변주로 성찰하고 있는데,

만족할 줄 알면 행복하다는 평범한 진리를
닭의 목소리로 듣고 있다 보면 어느새
얼굴이 붉게 물들어간다.

이 알 듯 말 듯한 이야기를 따라가다 보면
종래에는 '이것이 곧 인생이고 철학이다.'라는 결론에 이르게 된다.

닭에게도 생활이 있으며, 그러므로 철학도 있다.
이 이야기는 바로 이 근원적 명제로부터 출발한다.

철학적 우화인 이 책이 혜안 있는 독자 여러분과
아름다운 대화를 나눌 수 있기를 기다려본다.

세상에 대한 고민과 지혜는 동서든 고금이든
언제 어디서나 소통할 수 있다고 믿기 때문이다.

번잡한 세상에서 욕망에 눈앞이 흐려지거나
무엇이 행복한 삶인지 알고 싶은 분들에게 일독을 권한다.

"닭발로도 대나무를 그릴 수 있구나!"

"도시 사람들은 다 옷을 입고 다니고,
강아지도 외출할 때면 옷을 입죠.
중요한 자리에서는 정장, 즉 양복을 입어야 해요."
그러니까 닭들도 정장을 입으면 밖에 나가도 되겠네.

암탉은 오래 전부터 사람들처럼 결혼사진을 찍고 싶어했다.

닭에게도 철학이 있다

철학이란 무엇입니까? 인류는 오래도록 그 답을 찾기 위한 탐구를 진행해 왔지요. 여기, 평범한 사람이 있습니다. 그리고 닭들이 있습니다. 이 책은 철학과는 거리가 멀어 보이는 동물들과, 철학보다는 눈앞의 생활을 유지하는 것이 중요한 배고픈 지식인을 통해 우리에게 또 한 번 '철학이란 무엇인가'라는 질문을 던집니다.

『꼬끼오 필로소피』의 원제는 '닭의 생활철학'입니다. '배부른 돼지보다 배고픈 소크라테스가 낫다.'라는 말이 있지요. 전자를 생활인에 대한 은유로 본다면, 후자는 지식인과 철학자의 대표 격 인사로 볼 수 있을 것입니다. 그러나 이 책은 생활과 철학을 동일선상에 놓고 있거나, 어쩌면 생활을 철학보다 우위에 두고 전개되는 우화입니다. 이야기의 전면에 등장하는 주인공은 지식인 '노구'이지만, 서사를 주체적으로 이끌어가는 힘은 닭들에게 있지요.

이야기는 조류 독감으로 숨어지내게 된 닭들이 무료함을 견디기 위해 그린 한 장의 그림에서부터 출발합니다. 닭발로 찍어 그린 수묵화가 신선의 그림으로 추앙받는가

하면, TV 쇼에 등장한 수탉이 대중 앞에서 힘껏 날아오르기도 하고, 유명 인사가 되어 사람들을 피해 도망 다니기도 합니다.

닭의 일대기로 요약될 수 있는 이 재치 발랄한 우화는 얼핏 황당무계하게 느껴지기도 합니다. (이 타이밍에, 『꼬끼오 프로젝트』에 등장하는 암탉이라면 이렇게 말할지도 모릅니다. "무계? 그건 닭이 없다는 뜻이야? 나는 여기 있는데?") 실없는 소리로 느껴질지 모르겠으나 원고의 전반적인 무게감이 이러하지요.

그러나 알 듯 말 듯한 이야기를 따라가다 보면 종래에는 '이것이 곧 인생이고 철학이다.'라는 결론에 이르게 됩니다. 닭의 일대기 속에 생생하게 담겨 있는 '생활 철학'은 현대 사회와도 무관하지 않습니다. '인간이 살아가는 데 있어 중요한 것'이라는 의미를 지닌 철학의 정의를 곱씹다 보면, 그것이 곧 우리의 생활과도 떼놓을 수 없는 관계라는 점을 깨닫게 될 것입니다.

닭에게도 생활이 있으며, 그러므로 철학도 있습니다.
이 이야기는 바로 이 근원적 명제로부터 출발합니다.

일독을 권하며

조용히, 넌지시,
그러나 힘 있는 목소리를 읽다

언젠가 〈연원의 고양이들(燕園猫的故事)〉이란 영상을 본 적이 있다. 나의 벗 왕단 교수님이 보내준 것이었다. 연원은 베이징대의 애칭이다. 고양이를 주인공으로 그린 만화에 잔잔한 배경음악이 흘러나오는데, 고양이는 졸업하는 대학생들과의 추억을 회고하면서 "언제든 네가 원할 때 돌아오라. 우리는 기다리고 있을게."라며 인사한다. 교내 어디서든 고양이와 마주치던 나는 발상이 참신하고 학생에 대한 애정이 묻어나와 놀랐었다. 그림의 작가는 우지판 교수님이었다. 그 인연이 다시 이 책을 통해 이어지고 있다니, 놀라울 뿐이다!

우화(寓話)는 사람의 삶을 다른 자연물에 견주어서 지혜를 전하는 방식이다. 예부터 직접 인정(人情)에 대하여 거론하기 어려울 경우나 세상사에 우회적으로 발언하고 싶을 때 즐겨 사용된 글쓰기였다. 그 목소리는 조용하고 넌짓하되 묵직한 무게가 담겨있기 마련이다. 이 책도 전체적으로 잔잔해 보이는 분위기 속에서 언뜻언뜻 칼끝만 내비치는 예리함을 느낄 수 있다. 사실 내용은 심각한 이야기였다. 나날이 각박해지고 치열해지는 세상들, 그 속에서 '나'를 잃어버린 채 떠밀려가는 인생의 모습들! 특히 지식인의 초라한 처지와 덧없는 욕망을 유머와 냉소의 변주로 성찰하고 있는데, 만족할 줄 알면 행복하다는 평범한 진리를 닭의 목소리로 듣고 있다 보면 어느새 얼굴이 붉게 물들어간다.

나는 아슬하게 내비치는 감정의 변주가 좋았다. 인생사가 단칼에 베듯 끊어지지 않고 하나의 길만 있는 것도 아니며, 갈림길마다 하나의 문이 닫히면 다른 문이 열리면서 삶이 끝내 이어지고 있음을 묘사하는 데에 이런 방식은 유효하기 때문이다. 저자는 목에 힘주어 발언하지 않는다. 그저 실선의 그림에 간단한 말을 끄적거릴 뿐이다. 그렇지만 우리는 이 속에서 깊은 울림과 뜻밖의 생각들, 그리고 하염없는 여운을 느낄 수 있을 것이다.

저자는 왜 '닭'을 주인공으로 그렸을까? 생각하건대 닭이 중국의 영토를 형상화하는 동물로 활용되는 것과 관련되지는 않을까? 또 다른 주인공인 '노구'도 중국의 지식인을 상징한다. 지식인은 세상을 위해 복무해야 한다. 그러나 누구를 위해 어떤 방식으로 그리고 무엇을 가지고 세상과 만나야 하는지는 늘 고민이 된다. 그런데 닭이나 노구가 보여준 모습들은 중국인의 것만은 아니라고 생각한다. 그것이 이 책을 한국에서 내보내는 이유일 듯하다. 철학적 우화인 이 책이 혜안 있는 독자 여러분과 아름다운 대화를 나눌 수 있기를 기다려본다. 세상에 대한 고민과 지혜는 동서든 고금이든 언제 어디서나 소통할 수 있다고 믿기 때문이다. 번잡한 세상에서 욕망에 눈앞이 흐려지거나 무엇이 행복한 삶인지 알고 싶은 분들에게 일독을 권한다. 고마운 일이다.

2025년 1월, 김승룡(現 부산대학교 한문학과 교수)

[일러두기]

1. 본문의 주석은 모두 역자 주입니다.
2. 한 페이지의 컷은 좌에서 우, 위에서 아래의 'Z' 자 형태로 읽도록 배치되어 있습니다.
3. 각 장의 끝마다 한자 원문을 수록했습니다. 컷 기준으로 번호를 달았습니다.
4. 중국 문화권의 관용적인 표현과 시구는 최대한 원문을 살려 번역했으나, 필요에 따라 일부 의역하였습니다.

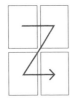

목
차

서문　016

추천사　018

(1) 삶의 철학은 원래 단순하다　022

(2) 닭 머리든 봉황의 꼬리든 결국 운명이다　044

(3) 사랑은 복잡하고도 단순한 일　066

(4) 사회에 도덕이란 게 있을까?　090

(5) 쉴 줄 모르면 일할 줄도 모른다　112

(6) 누구나 다 각자의 고민이 있다　134

(7) 우리는 그래도 이렇게 살아 있다!　156

(8) 사람들은 좋은 말을 듣기 좋아하는 법　178

(9) 만족할 줄 알면 항상 즐겁다　200

(10) 산 너머 저편은 어떤 모습일까?　222

(11) 복은 함께 누려야 한다　246

삶의 철학은
원래
단순하다

"만족할 줄을 알면 항상 즐겁고,
배불리 먹으면 배고프지 않다."

옛날에 수탉 한 마리, 암탉 한 마리 그리고 병아리 네 마리가 한 집에서 화목하게 살고 있었다.

닭들의 주인은 노구(老九)[1]라는 지식인이었다.

노구는 농촌으로 추방당했다. 오칠지시[2]를 따르기 위해 책과 닭들을 데리고 이 드넓은 세상으로 오게 되었다.

마을 사람들이 모두 나와 노구를 맞이해 주었다. 그가 교양 있는 사람이기 때문이었다.

---

1 원나라 때 국민들을 직업에 따라 열 등급으로 나누었는데, 지식인은 그중 아홉 번째 등급으로 사회적 지위가 아주 낮았다. 지식인들이 극히 멸시당했던 문화대혁명 때, 이들 지식인을 풍자의 의미가 담긴 '노구', 혹은 '냄새나는 놈'이라는 뜻의 멸칭인 '취로구'로 불렀다.

2 1966년 5월 7일에 모택동 주석이 중요한 지시를 했는데, 이 지시를 관철시키기 위해 당, 정 기관의 간부와 지식인들을 농촌으로 보내 노동시켰다.

노구는 낮에는 마을 사람들과 함께 논에 가서 일하고,

밤에는 야간 학교에서 글을 가르쳤다.

닭들은 낮에는 마당에서 모이를 먹으며 놀고,

해가 지면 닭장에 가서 잠을 잤다.

닭들은 마당에서 실컷 놀다가, 다시 마을 어귀의 잔디밭으로 가서 뛰놀았다. 산토끼 두 마리도 그곳에서 놀고 있었다.

그때 여우 한 마리가 살금살금 걸어왔다. 산토끼가 소리치며 도망가는데도, 닭들은 위험한 줄을 몰랐다.

갑자기 달려 온 여우가 병아리 한 마리를 향해 달려들었다.

수탉이 돌진해 와 여우에게 소리쳤다. "너 뭐야? 감히 내 애를 건드려!" 암탉도 함께 달려와서 도와주었다. 여우는 그 기세에 놀랐다.

지식인은 도리를 모르는 사람을 겁내고, 도리를 모르는 사람은 죽음을 생각하지 않는 사람을 겁낸다. 죽음조차 겁내지 않는 수탉의 기세에 여우는 겁을 먹고 도망쳤다.

암탉은 여태까지 수탉의 이러한 대장부다운 기개를 본 적이 없었기에, 그 용기에 탄복을 금치 못했다.

수탉은 만족하는 법을 알았다. 그는 이 작은 성공에 한참이나 즐거워했다.

만족할 줄을 알면 항상 즐겁고, 배불리 먹으면 배고프지 않다. 삶의 철학은 원래 이렇게 단순하다. 수탉은 철학을 모르지만 날마다 스스로 즐거움을 만끽하고 있었다.

오리들은 냇가에 도착하자마자 물에 뛰어들어 자유롭게 헤엄치기 시작했다. 수탉은 냇가에서 낙담한 표정으로 서 있었다. "난 왜 수영을 못할까?"

어느 날 수탉은 식구들을 데리고 냇가에 놀러갔다. 그들은 냇가에서 오리 떼를 만났다.

수영을 못 한다는 생각에 수탉은 며칠간 답답하고 괴로웠다. 암탉이 그를 위로했다. "무슨 대단한 일이라고? 당신은 목청 돋워 노래를 부를 수 있는데, 오리도 그걸 두고 불행해하지는 않잖아?"

암탉의 위로를 받은 수탉은 다시 즐거워졌다. 지식인들은 항상 "사람은 각기 저마다의 장단점이 있다."라고 얘기한다. 오리가 헤엄을 잘 치고, 닭이 노래를 잘 부를 수 있는 것처럼!

하루는 노구가 닭들을 한 곳에 불러 모아 말했다. "들리는 말에 의하면, 마을에서 자본주의 꼬리를 자르는 운동을 한다고 해. 개인이 닭을 기를 수 없으니, 너희들은 이제 더 이상 이 마을에서 살 수 없게 될 거야."

노구는 닭들을 광주리 두 개에 싣고 당나귀 한 마리를 끌고 와 산속에 숨기러 갔다.

노구는 산골짜기에 있는 큰 나무 밑에 닭장을 하나 만들고 닭들을 그 안에 머물게 했다.

노구는 모이를 남겨 주며 말했다. "이틀 뒤에 너희들을 보러 올 거야." 그리고 나서 당나귀를 끌고 마을로 돌아갔다.

마을로 돌아간 노구는 아무 일도 없는 척했다. 마을은 평소보다 고요했고, 강아지들도 평상시처럼 짖지 않았다.

닭들이 사라진 노구의 집은 많이 조용해졌다. 강아지도 짝이 없어 그런지 바닥에 엎드려 몽롱하게 졸고 있었다.

다음날 노구는 밭으로 일하러 가는 길에 마을의 할머니 한 분을 만났다. 할머니는 노구에게 물었다. "자네도 들었나? 사람들이 자본주의의 꼬리를 자르러 온다는 걸?"

할머니는 이웃 마을에서 닭 콜레라가 발생했는데, 윗사람들이 닭, 오리, 거위를 모조리 죽일 것을 지시했다고 말했다. 노구는 아무렇지도 않은 척 대꾸했다. "그게 그렇게 심각한 일인가요?"

비록 말은 그렇게 가볍게 던졌지만, 노구의 온몸에는 진땀이 흘러내리고 있었다. '정말 무섭다!'

그날 오후, 윗사람들은 마을에 있는 닭을 모두 잡게 했다. 그들은 큰 구덩이 하나를 파고 장작을 넣어 닭들을 모두 불태웠다. 노구는 아무 소리도 못 내고 그저 술로 외로움을 달랬다. 할머니는 외쳤다. "죄를 짓는구나! 씨를 말려 버리다니!"

이후 마을에는 사람과 강아지, 그리고 당나귀만이 남았다. 닭, 오리, 거위가 모두 사라졌고 심지어 날아가던 새조차도 감히 이곳으로 날아들지 못했다. 고요한 마을이었다. 하늘도 울고 있는 듯, 가랑비가 내리고 있었다.

이틀 뒤 아침, 노구가 닭들에게 모이를 주기 위해 산에 올라갔다. 그런데 닭장 문은 열린 채였고, 닭들은 온데간데없었다.

노구가 강아지를 데리고 사방을 다 찾아봤지만 닭들의 흔적을 찾을 길이 없었다.

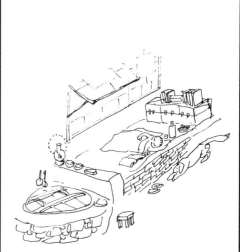

그날 밤, 노구는 우울한 마음을 안고 마을로 돌아와 매운 술을 들이키며 쓴 오이를 씹다 이내 잠들었다.

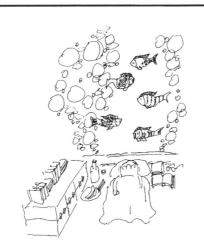

노구는 꿈을 하나 꾸었다. 꿈에서는 닭도 없고, 오리도 없고, 거위도 없고, 새도 없고, 참새도 없고, 날짐승이라고는 하나도 남아 있지 않았다. 하늘에, 나무에, 땅에 깃털 달린 동물은 하나도 없었다.

하늘에 새가 없으므로 '조감(鳥瞰)'이라는 말도 사라졌다. 새벽에 닭 우는 소리도 들리지 않고, 달 지고 까마귀 우짖는 풍경도 볼 수 없게 되었다.

노구가 시냇가에 왔을 때는 물가에 오리도,
거위도 없었다. 새들이 지저귀던 이전의 생
기발랄한 경치도 사라졌고, 이젠 새는 물론
이고 깃털 하나조차 남아 있지 않았다.

닭들이 사라지자, 노구는 종일 우울했지만
여전히 농사일을 하러 밭에 나갔다. 힘든 농
사일로 감정을 잠재우고, 흘리는 땀으로 흐
르는 눈물을 대신할 수 있길 기대했다.

그날 밤 노구는 잠들려던 차에 대문 밖 소리
를 들었다. 그는 일어나 등불을 들고 문을 열
러 나갔다. 강아지가 짖어대고 있었다.

노구가 문을 열자 강아지가 뛰어나갔다. 닭
들이 문밖에 서 있었다! 그는 자신의 눈을 믿
지 못했다. "맙소사!"

노구는 안경을 떨어뜨릴 정도로 감격하여 서둘러 대문을 닫고 닭들을 방으로 들어오게 했다. 이들은 마을의 유일한 닭들이었고 하나밖에 없는 조류였다. 아주 귀한 동물인 것이다!

노구는 땅에 쭈그리고 앉아 숨도 크게 내쉬지 못했다. 그는 등불을 들고 귀여운 닭들을 내내 바라보았다. "너희들, 어디 갔었니?" 노구는 그렇게 물어보며 닭들에게 모이를 주었다.

수탉은 말했다. "그날 산에 숨어 있을 때, 산 밑에서 닭들이 날고 개들이 담을 뛰어넘는 요란한 소리를 듣고 상황이 심상치 않은 걸 느꼈어. 아무래도 계속 닭장 안에 있다가는 사람들에게 들킬까 무섭지 뭐야. 그래서 식구들을 데리고 깊은 숲속에 가서 숨어 있었어."

이어 수탉은 며칠이 지난 지금, 배가 몹시 고파서 이렇게 집으로 돌아온 것이라고 말했다. 노구는 수탉의 말을 듣고 반가웠지만 한편으로는 화도 났다. "지금 마을에 돌아오면 제 발로 개죽음당하러 오는 것인데, 그래도 집에 온 것은 기쁜 일이지. 집안에 가만히 숨어 절대로 남들이 알아채지 못하게 해야 해."

노구는 수탉이 새벽에 울지 못하도록 그의 목에다 큰 '인(忍)' 자를 달게 했다. 이튿날 수탉이 막 새벽을 알리려고 하자, 암탉이 눈길을 주면서 부리로 '忍' 자를 한 번 찍었다. 그러자 수탉은 소리를 꾹 참았다. 노구는 닭들에게 모이를 갖다주며 밖으로 나가지 말 것을 당부했다.

수탉은 참을 수 있었지만, 병아리들은 참지 못했고, 나가서 놀겠다며 떠들어 댔다. 암탉은 참을성 있게 병아리들을 다독거렸다. "못 나가게 하는 건 너희를 위해서야. 좋은 일은 원래 모두 견디기 어려운 것이지."

실은 암탉도 기분이 별로 좋지는 않았다. 알을 낳아도 울면 안 된다니? 너무 답답한 나머지 방안에서 닭발로 바닥을 찍어 댔다. 고개를 숙이니 목숨을 보전하고, 기운을 꺾으니 생활이 바르게 유지되는구나. 사람들이 '굽히면 온전해진다'고 말했던 것이 어찌 빈말이겠는가? 진짜로 우리 목숨을 보전해 주리라.

집에 돌아온 노구는 닭들이 무사히 있는 것을 보고 안도했다. 그는 붓으로 바닥에 네 글자를 썼다. '희언자연(希言自然)'[3]

3 희언자연(希言自然)은 무위자연과 같은 말로서, 노자의 「도덕경」에서 나온다. 주관적으로 행동하지 말고 자연에 순응하자는 뜻이다.

닭들은 방안이 답답했는지 온돌에 뛰어올라 창문으로 바깥을 내다봤다.

바깥 세계는 정말 좋았다. 햇빛이며 공기며, 그리고 살랑대는 바람들…. 하지만 이 모든 것은 닭들의 것이 아니었다. 세계는 우리의, 그리고 당신들의 것이기도 했지만, 그들의 것은 아니었다.

노구가 밤에 일을 마치고 돌아오자 수탉이 찾아와 "소리도 못 내게 하고 밖에 못 나가게 해서 답답해 죽겠다."라고 하소연을 했다. 암탉은 아무 말도 하지 않았다.

노구는 한참을 생각한 끝에 닭들에게 이렇게 말했다. "지금 밖에서 닭을 잡고 있는데 너희들은 나가는 순간 곧 죽게 될 거야. 소리를 내면 사람들이 방에 들어와 너희를 잡아갈 텐데, 멋있게 죽는 건 어렵게 사는 것만 못해."

암탉 역시 노구 아저씨의 말이 맞다고 옆에서 맞장구 쳤다. 수탉은 벼슬을 흔들면서 얼굴을 붉혔다. 큰 소리를 내어 가슴 속 답답함을 토로하고 싶었다. 하지만 노구는 "제발 이러지 마!" 하면서 연신 손을 내저었다.

수탉은 너무 답답해서 방 안을 계속 돌아다녔다. 암탉이 말했다. "여보, 제발 가만있어 줘. 당신이야 목숨을 아깝게 생각하지 않는다지만 우리 애들은 아직 어려. 아이들을 위해서라도 참아야 돼."

노구가 말했다. "방법이 하나 있어. 중국 문인들은 거문고, 바둑, 글씨, 그림 등을 좋아하는데, 이 네 가지 중 거문고 외에 나머지 셋은 모두 소리를 내지 않아. 너희들이 이 가운데 하나를 골라서 배우면 답답하지 않을 거야."

"거문고를 빼고, 너희들이 한 가지를 고르렴. 내가 매일 가르쳐 주마. 그렇게 연습하다 보면 시간도 지나고 차츰 좋아질 거야."

수탉은 노구를 보고 고개를 끄덕이며 말했다. "글씨를 배워 보겠어. 앞으로 이 역사를 문자로 기록하여 이번 사건으로 어려움을 당한 동포들의 명복을 빌 거야." 암탉은 눈물을 닦으면서 숭배하는 눈빛으로 수탉을 바라보았다. "아, 사명감이여!"

이튿날 노구는 붓, 먹, 종이, 벼루를 꺼내 수탉에게 글씨를 가르쳐 주고 밭에 일하러 갔다.

수탉은 글씨를 배우기 시작했다. 그는 오른쪽 닭발로 붓을 들고 왼쪽 닭발로 균형을 잡았다. 그 모습이 꼭 공부하는 자세 같았다. 암탉은 수탉이 이렇게 잘할 줄 몰랐다는 듯이 넋 놓고 바라보고 있었다.

한 폭의 글씨를 다 쓴 수탉은 붓을 놓고 보이차 몇 모금을 마셨다. 암탉은 병아리들과 빙 둘러선 채 이를 지켜보고 있었다. 필획은 닭발처럼 힘 있고 기백이 넘쳤다. 수탉은 참으로 사내대장부였다!

1. 從前, 有一隻大公雞、一隻母雞和四隻小雞, 和諧一家。
2. 雞們的主人叫老九, 是個讀書人。
3. 老九被下放農村, 走五七道路, 帶着書和雞們來到廣闊天地。
4. 村裏人都出來迎接老九, 因爲他是文化人。

5. 老九白天跟村裏人下地幹活。
6. 晚上老九教村裏的夜校。
7. 雞們白天在農家院裏吃食玩耍。
8. 晚上雞們回窩裏睡覺。

9. 雞們在院子裏玩夠了, 便跑到村口的草地上玩。有兩隻野兔也在這玩。
10. 這時一隻狐狸悄悄走過來, 小兔子叫着跑開了, 但雞們不知道危險。
11. 狐狸突然跑出來, 向一小雞撲去。
12. 大公雞衝過來, 對狐狸大叫, 你是什麼東西, 敢動我的孩子一根羽毛?母雞也跑過來助陣, 真把狐狸嚇住了。

13. 讀書人怕不講理的, 不講理的怕不要命的。大公雞不要命, 狐狸跑掉了。
14. 母雞從未見過大公雞這般大丈夫氣概, 對大公雞佩服有加。
15. 大公雞很容易知足, 一個小小的成功, 能讓它高興很長時間。
16. 知足常樂, 吃飽不餓。生活的哲學就是這樣簡單, 大公雞不懂哲學, 但每天都在享受快樂。

17. 這天, 大公雞又帶領全家到小河邊來玩耍了。在河邊遇到一羣鴨子。

18. 鴨子走到水邊, 就下水遊起來, 自由自在。大公雞站在岸邊神情失落, 我爲何不會游水呢?

19. 不會游水, 大公雞鬱悶了好幾天。母雞勸到:多大點兒事?你能引吭高歌, 鴨子也沒不高興啊。

20. 經母雞勸說, 大公雞又高興起來, 讀書人常說:寸有所短, 尺有所長嘛, 鴨能游水, 雞會唱歌。

21. 一天, 老九把雞們叫在一起, 說不能再村裏住了, 聽說要割資本主義的尾巴, 不讓個人養雞了。

22. 老九找來一隻驢子, 將雞們裝載兩隻筐裏, 運到山裏去躲藏。

23. 老九在山谷的大樹下搭了一個雞棚, 把雞安頓在裏面。

24. 留下食物, 老九說:過兩天我上山來看你們。然後, 牽着毛驢回村去了。

25. 進村時, 老九作若無其事狀, 村裏比往常寂靜, 狗兒也不像往日那樣叫了。

26. 老九家沒有了雞們, 變得很安靜, 狗兒也沒有伴兒, 趴在地上昏昏欲睡。

27. 第二天, 老九下地, 遇到村裏的大姥姥, 老太太問老九, 聽說了嗎?割資本主義尾巴的來了。

28. 老太太說:鄰村發了雞瘟, 上面讓咱們村的雞鴨鵝也勸全殺死!有那麼嚴重嘛?老九滿不在意。

29. 老九嘴上雖說得輕鬆, 身上冒着冷汗:真恐怖!

30. 當天下午, 上面要把村裏的雞全殺了, 在村邊挖了一大坑, 放上柴火, 把雞又燒了。老九不敢出聲, 借酒澆愁。老太太哭着喊着:造孽啊!斷子絕孫啊!

31. 此後, 村裏只剩下人和小狗, 還有驢子。沒有了雞鴨鵝, 小鳥也不敢飛到這裏來了。寂靜的村莊, 下着小雨, 天在哭泣。

32. 兩天後的早晨, 老九帶着食物, 上山去餵雞。但雞棚門開了, 雞們不見了。

33. 老九帶着小狗漫山遍野找,沒有任何蹤影。

34. 晚上,老九鬱悶地回村,喝了一點辣酒,吃了一點苦瓜,就睡了。

35. 老九做了一個夢,天下沒有雞,沒有鴨,沒有鵝,沒有鳥,沒有雀,沒有禽類了。天上、樹上、地上沒有長羽毛的動物了。

36. 空中沒有了鳥,"鳥瞰"這詞將消失了,早晨沒有雞叫了,晚上沒有月落烏啼。。

37. 老九來到河邊,水上無鴨無鵝,過去百鳥朝鳳,如今連一根羽毛也不見了。

38. 沒有了雞,老九悶悶不樂,每天依然下田幹活,勞動可以麻木感情,汗水可以代替淚水。

39. 這天晚上,老九正要睡覺,突然聽見大門外有動靜。起身,舉着燈開門,小狗狂叫。

40. 老九打開門,小狗衝出去,雞們站在門外。不敢相信自己的眼睛!天哪!

41. 老九激動得跌落眼鏡,趕緊關上大門,讓雞們快進屋,這是村裏唯一的雞,也是唯一的禽類。珍稀動物!

42. 老九蹲在地上,大氣都不敢出,舉着燈,端詳着可愛的雞們:你們去哪了?邊說邊拿食餵雞們吃。

43. 大公雞說,那天在山上,聽到山下雞飛狗跳,感到不妙,怕呆在棚子裏被人發現,就帶領全家逃到樹林深處躲起來了。

44. 過了幾天,餓得受不了,就跑回家來了。老九又愛又氣:這時候回村,不是送死嗎?回家總是好事,藏在家裏,千萬別讓人知道。

45. 老九怕大公雞早晨打鳴,在它脖子上掛了個一個字:忍。次日天亮,大公雞剛要司晨,母雞看它一眼,又用嘴點了"忍"字,大公雞不出聲了。老九給雞端來食,讓雞們不要出屋。

46. 大公雞忍得住,可小雞們受不了,非要出去玩,母雞耐心地勸孩子們,不讓出去,是爲你們好。好事都是不好受的。

47. 母雞也不高興，生了蛋也不叫！急得直在屋裏抓地，曲則全，枉則正，人說曲全者，豈語哉？誠全歸之。

48. 老九回來了，見雞們平安無事，心放回肚子，拿毛筆在地上寫了四個字：希言自然。

49. 雞們在屋裏呆憋了，就跳到炕上，從窗戶往外看。

50. 外面的世界真好，陽光，空氣，微風，但這不屬於雞們，世界是我們的，也是你們的，但不是他們的。

51. 晚上老九幹活回來，大公雞便來訴苦，不讓出聲，不讓出門，憋死了。母雞沉默不語。

52. 老九想了一會，對雞們說，外面殺雞，出去就沒命了。你們出聲，讓人聽見，會進屋來捉住你們殺了，好死不如賴活。

53. 母雞說，還是九叔說得對，大公雞搖着冠子憋紅了臉，要高聲大叫，一舒胸中悶氣，老九連連擺手：使不得！

54. 大公雞急得在屋裏走來走去，母雞求道：祖宗，消停會吧，你不要命，雞娃娃還小啊，爲了雞娃，咱們也該忍忍。

55. 老九說，有辦法。中國文人喜歡的棋琴書畫，除琴外，另外三藝都是無聲的，你們能選一藝來學，就不感到憋悶了。

56. 除了琴外，你們任選一樣，我每天教你們練習，時間長了，就好了。

57. 大公雞看着老九，點頭說，試試看，學寫字吧，會寫字將來把這段歷史寫下來，以告慰遇難同胞。母雞擦着眼淚，崇拜地看着大公雞，使命感啊！

58. 第二天，老九拿出紙墨筆硯，要大公雞練字，然後就下田幹活去了。

59. 大公雞開始練筆，右爪拿筆，左腳金雞獨立，架勢如同武術，母雞看呆了，沒想到公雞還真像那麼回事。

60. 一幅字寫完，大公雞放下筆，喝了幾口普洱茶，母雞帶着雞娃圍着看，筆畫如雞爪，十分有力，氣也足，大公雞真乃大丈夫也！

닭 머리든
봉황의 꼬리든
결국 운명이다

"우리한테 무슨 흠이 있는 것도 아닌데
사람들이 왜 우리를 보지?"
"그럼 그 사람들한테 무슨 흠이 있는 거겠지.
보고 싶으면 마음대로 보라 그래."

글씨를 배운 뒤로 여러 날이 지났다. 어느 날 수탉이 무심결에 먹 묻은 발로 종이를 밟았다. 그러자 종이 위에 대나무잎 같은 발자국이 생겼고, 몇 번 더 밟자 한 폭의 묵죽(먹으로 그린 대나무)이 생겼다.

집에 돌아온 노구는 닭발로 그린 대나무 그림을 보고 아주 기뻐했다.
"원래 닭발로도 대나무를 그릴 수 있구나!"

공들여 심은 꽃은 피지 않고, 무심히 꽂은 버드나무 가지는 무성하게 자라는 법이다. 글씨만 배우려고 한 건데, 뜻밖에 닭발로 대나무까지 그렸구나. 세상일이란 것이 이렇게 예측할 수 없을진저!

노구는 기분이 무척 좋았다. 수탉은 순식간에 '화가'가 되었다. 앞으로 그림을 파는 일로 생계를 유지할 수 있을 것 같았다. 식탁 위에 고기 반찬이 없을지언정, 단 하루도 대나무를 그리지 않으면 살 수 없게 되었다.

평범한 나날이 흘러갔다. 수탉의 대나무 그림 실력은 그릴수록 점점 더 좋아졌다.

노구는 닭발로 그린 대나무 그림을 걸어놓고, 보고 또 보았다. 볼수록 예스러운 풍취가 넘쳐흐르는 듯했다.

어떤 시골 농부가 몰래 감자를 팔러 도시로 간다는 소식을 듣고, 노구는 문득 하나의 영감을 떠올렸다.

그날 밤, 노구는 실수로 찻물을 그림 위에 흘려버렸다. 서둘러 닦았지만 그림은 이미 흙에서 꺼낸 오래된 유물처럼 변해버렸다.

노구는 도시에 감자 팔러 가려는 농부에게 이 '낡은 그림'을 대신 팔아 달라고 챙겨 주며, 자신의 운을 한번 점쳐 보기로 했다.

농부는 도시의 작은 골목에서 노점상을 시작했다. 그곳에서 주로 감자와 대나무 그림을 팔았다.

감자는 금방 팔렸지만, 그림에는 아무도 관심을 갖지 않았다.

감자가 거의 다 팔렸을 무렵, 한 사람이 와서 그림에 관심을 보이며 얼마냐고 물었다. 농부는 그냥 알아서 조금만 내라고 대답했다.

그 손님은 이전에 이런 필법을 본 적이 없었기에, 가지고 가서 자세히 연구할 생각에 넋나간 듯 그림을 바라보고 있었다.

그는 500위안을 꺼내며 이 이상은 낼 수 없다고 말했다. 농부가 네 광주리의 감자를 다 팔아도 겨우 60여 위안밖에 못 버는데!

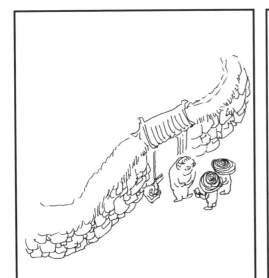

하도 놀란 탓에, 농부는 시골까지 어떻게 돌아왔는지도 모를 지경이었다. 그는 그림을 팔아서 번 돈을 전부 노구에게 주었다.

노구도 깜짝 놀랐지만, 일부러 차분한 척했다. 세 사람은 나무 밑에 숨어서 돈을 나누었다. 노구는 100위안만 받고 남은 돈은 두 농부에게 200위안씩 나눠 주며 고맙다고 말했다.

농부를 보낸 뒤, 방에 들어간 노구는 수탉에게 돈을 보여 주며 외쳤다. "돈 벼락을 맞았다! 네가 그린 그림으로 돈을 벌 수 있겠어!" 암탉은 너무나 흥분하여 돈과 수탉을 번갈아 보고 있었다.

암탉은 수탉이 닭발을 따뜻하게 유지할 수 있도록 양말 한 켤레를 만들어 주었다. "우리 식구들의 앞날이 이 닭발에 달려 있거든!"

수탉이 닭발로 대나무를 그리는 동안 병아리들도 함께 종이 위에 올라가 작은 잎을 만들었는데, 색다른 멋이 느껴졌다.

강아지도 호기심을 보이며 한번 해 보고 싶어 했다. 암탉은 쏘아붙였다. "넌 끼어들지 마! 발이라고 다 그림을 그릴 수 있는 게 아니야. 우리 애 아빠 발은 보통이 아니거든."

암탉은 계속해서 강아지에게 수탉의 다리는 금으로 된 다리고, 발은 금으로 된 발이며, 따라서 수탉은 그 자체로 금계(金鷄)라고 말했다. 수탉의 발은 사람의 손보다 더 재주가 있으니 봉황의 발이나 마찬가지라고 말이다.

그리고 강아지의 다리와 발은 개 다리라서, 고약을 만들 때나 쓰일지 몰라도, 서화(書畫) 창작에는 절대로 못 쓴다고 말했다. 강아지는 '정말 더럽게 재수 없구나!' 생각하며 성질이 나서 짖어 댔다. "글씨와 그림이 아무리 좋아 봤자 먹을 수도 없으니, 가장 쓸모 없는 자가 바로 서생이야." 노구에게 배운 대로.

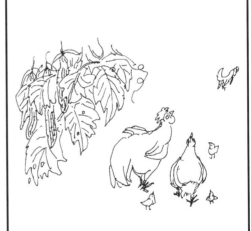

수탉은 풀이 죽어 돌아간 강아지를 보며 암탉에게 말했다. "그렇게까지 얘기할 필요가 있어? 강아지 속을 상하게 했잖아."

암탉도 강아지에게 상처를 준 걸 생각하자 좀 미안한 마음이 들었다. 승냥이든 개든 다 같은 생명이고, 닭 머리든 봉황의 꼬리든 날 때부터 운명으로 결정된 것들인데.

한편 그날, 감자 파는 농부는 다른 사람들과 같이 술을 마시다가, 취한 나머지 그림을 팔았던 날의 일을 아무 생각 없이 전부 말해버렸다. 그러자 그 자리에 있는 모든 사람들이 놀랐다.

이야기는 바로 온 동네에 퍼졌다. 소문은 퍼질수록 살이 붙어, 그 그림이 황궁에서 전해진 임금의 그림이라는 설까지 돌았다.

상사의 귀에 들어갔을 때, 그림은 이미 당나라 시대의 상등품이 되어, 값을 헤아릴 수 없을 만큼 귀중한 그림이 되어 있었다!

상사는 노구를 불러, 자세한 사정을 듣고 싶어했다. 이에 "이주자(二柱子), 노구를 불러와."하고 명령했다.

노구는 불길한 예감을 느꼈다. 상사는 평소에는 자신을 찾지 않았다. 그러니 상사가 찾는다면 무슨 일이 있는 것이다.

노구는 아무렇지 않은 척 상사의 사무실에 들어갔다. 상사는 앉으라고 하며 싸구려 찻물 한 주전자와 에나멜 그릇 두 개를 준비했다.

상사는 앉아서 차를 마시는 노구에게 물었다. "들기로는 자네가 글씨도 잘 쓰고 그림도 잘 그린다는데, 여기 남아 서기 일을 하면 어떻겠나?"

"그럼 들에 일하러 나가지 않아도 되는 겁니까? 매일 글 쓰고 그림 그리기만 해도 되나요?" 노구는 하도 놀라 연달아 물었다. "그래." 상사가 대답했다. 이런 좋은 일도 있다니?

노구는 집에 돌아와서 맛있는 반찬 몇 개를 만들고 수탉, 암탉 그리고 병아리들과 같이 저녁을 먹었다. 노구는 상사가 자기에게 서기 일을 맡기려 한다는 소식을 닭들에게 알려 주었다.

수탉은 좋은 일이라고 말했고 암탉은 지식인은 지식과 관련된 일을 해야 그 재간과 능력을 충분히 발휘할 수 있다며 맞장구 쳐 주었다.

그때부터 노구는 사무실에서 일하게 되었다. 매일 서기록이나 보고서만 작성하니 하나도 힘들지 않았고, 시간이 남으면 책도 볼 수 있었다.

시골 사람들의 눈에 노구는 이미 어엿한 관리였고, 그와는 말도 마음대로 섞을 수 없게 되었다.

이때쯤 자본주의 꼬리를 자르는 운동의 흐름
도 잦아들었기에, 닭들은 다시 집 밖으로 나
올 수 있었다. 온 동네 닭들이 모두 이 한 배
에서 나온 닭들뿐이었다.

수탉은 다시 울 수 있게 되었고 암탉은 다시
알을 품을 수 있게 되었다. 병아리들도 마음
껏 재잘거렸다.

"한 사람이 도를 깨치면, 닭과 개까지 덩달아
승천한다."라는 말이 있듯이, 노구가 사무실
에서 일하게 된 뒤로 노구네 닭과 강아지도
함께 귀한 취급을 받았다.

사람들이 하도 쳐다보자 수탉은 매우 불편해
하며 암탉에게 물었다. "우리한테 무슨 흠이
있는 것도 아닌데 사람들이 왜 우리를 보지?"
암탉은 "그럼 그 사람들한테 무슨 흠이 있는
거겠지. 보고 싶으면 마음대로 보라 그래."
하고 대답했다.

어느 날 상사는 노구에게 그림 한 폭을 부탁했다.

노구는 그 부탁에 흔쾌히 대답했다. "그림 한 폭이요? 어려울 것 없습니다. 며칠 후 바로 드리겠습니다." 상사는 그 말을 듣고 무척 기뻐했다.

노구가 집에 오자 수탉이 앞으로 나가 그를 맞이하였고 암탉은 무슨 일이 있었냐고 물었다. 노구는 "상사께서 그림을 달라고 하였는데 어떻게 해야 하나 고민 중이다."라고 말했다.

수탉은 말했다. "쉬운 일이지, 우리한테 맡겨."

수탉은 바닥에 그림을 그리고 있었고 노구는 책을 보면서 술을 마시고 있었다. "참으로 복이 많구나!"

수탉이 그림을 다 그렸다. 노구는 그것을 걸어 두고 자세히 보다가, 그림 옆에 대련 하나를 썼다. "벼슬을 맡는 일은 소가 밭을 가는 일과 같고, 일반 백성으로 사는 일은 새가 하늘을 날아다니는 일과 같다.(做官如牛耕地, 爲民似鳥翔天)"

노구가 그림을 상사에게 주자 상사는 무척 좋아했다.

상사는 그림을 펴서 자세히 보았고, 노구는 그 옆에서 거들었다. 고양이는 그림에서 풍겨 나온 묵향을 맡고 있었다.

그림을 받은 상사는 아무런 말도, 아무런 표정도 없었다. 노구는 어찌 된 영문인지 알 수 없었다.

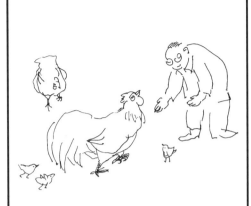

노구가 집에 돌아오자 수탉은 그를 맞이하면서 상사가 만족스러워했냐고 물었다. 노구가 "아무 말도, 아무 표정도 짓지 않았다."라고 대답하니, 수탉은 그게 정말이냐고 되물었다.

암탉은 노구를 위로해 주었다. "남에게 준 그림은 이미 엎질러진 물이라 생각하고 더 이상 고민하지 말아요. 오늘 저녁에 뭐 드시고 싶으세요? 술 한 잔 할까요?"

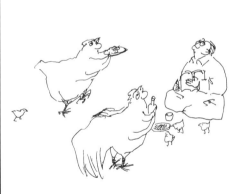

노구는 더 이상 집착하지 않았다. 암탉은 무절임과 땅콩을 식탁 위에 올렸다. 수탉은 작은 이과두(二鍋頭) 술병을 꺼냈다.

이튿날 노구가 사무실에 나왔을 때 상사는 회의하러 나간 뒤였다. 하루 종일 한가했던 노구는 대련 하나를 썼다. "낮에는 번뇌가 없어 아주 즐겁고 밤에는 화의(畵意)⁴가 떠올라 칠색으로 읊조린다.(日無煩惱三分樂, 夜有畵意七彩吟)"

노구가 밤에 집에 돌아온 뒤, 감자 파는 농부 두 사람이 집에 찾아왔다. 그들은 노구에게 도시에서 팔고 싶은 그림이 또 있냐고 물어봤다. 수탉과 암탉은 얼른 술과 안주를 올렸다. 세 사람은 술을 마시기 시작했다.

노구는 "그림 얘기 꺼내지도 마. 술이나 마시자."라고 말했다. 수탉은 암탉에게 반찬을 더이상 안 만들어도 된다고 말했다.
"사람들이 술을 다 마셨고 아이들도 밥을 모두 먹었으니 우리도 먹어 없애는 걸 도와주자. 낭비하면 안 되잖아?"

사람들은 모두 취했고, 닭들도 모두 배가 불렀다. 그들은 모두 꾸벅꾸벅 졸다가 잠들어버렸다.

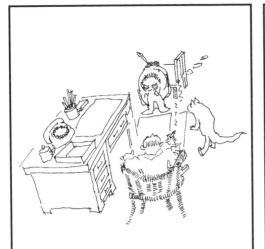

며칠 후 상사가 돌아왔다. 그는 노구를 보고 아주 기뻐하면서 "자네 그림에 대해 다들 칭찬했어. 상급 상사들 중 서화를 좋아하는 한 분이 그걸 모작하기 위해 빌려 갔다네."라고 말했다.

"우리 동네 사람들은 다들 독서를 좋아하고 늙은이든 젊은이든 모두 시문에 능하지. 자네는 지식인이니 여기서 재능을 충분히 발휘할 수 있겠어."

상사의 칭찬을 듣자 노구는 매우 기쁜 마음에, 걸으면서도 으쓱으쓱 기운이 넘쳐흐르는 듯했다.

기뻐하는 노구의 모습에 수탉도 매우 기뻤고 암탉과 병아리들도 다들 기뻐했다.

1. 習字多日, 大公雞無意中爪上沾了墨, 踏到紙上, 踩出竹葉般爪印, 多踩幾組, 像一幅墨竹。

2. 老九回來, 看見雞爪竹, 非常高興, 原來雞爪也是可以畫竹的。

3. 有心栽花花不發, 無心插柳柳成蔭。本來要練字, 卻畫成了雞爪竹。世上事, 就是這麼不可琢磨。

4. 老九很高興, 大公雞無意間卻成了"畫家"。將來可以賣畫爲生了, 寧可食無肉, 不可居無竹。

5. 日子平淡, 一天天地過去了, 大公雞的竹越畫越好。

6. 老九把雞爪竹掛起來看, 越看越感到古趣盎然。

7. 村裏有農民偷偷跑到城裏賣土豆, 老九見了, 靈機一動。

8. 夜裏老九不慎將茶水撒在畫上, 趕緊擦乾, 但好像畫面舊了, 看上去好像出土文物。

9. 收拾好的"舊畫", 老九交給進城賣土豆的農民代賣, 試試運氣。

10. 農民在城裏的小衕衕裏擺地攤, 賣土豆和國畫。

11. 土豆賣得很快, 但字畫無人問津。

12. 一會土豆就賣完, 這時來了一個人, 看上了字畫, 問多少錢?農民說, 你看着給兩錢吧。

13. 從來沒有見過此種筆法, 不如拿回去研究一下, 那人看得眼都呆了。

14. 那人掏出五百元, 就這麼多了, 農民賣了四筐土豆才六十多元!

15. 農民忘記了是怎樣纏回到村裏的, 將錢如數交給老九。

16. 老九也大吃一驚, 但強作鎮靜, 三人躲在樹下, 老九隻收一百元, 分給兩農民各兩百, 感謝了!

17. 走農民, 老九回屋, 高興地對大公雞舉着人民幣, 發財了!你的畫可以賣錢了!母雞激動得一會看錢, 一會看大公雞。

18. 母雞給大公雞做了一雙襪子, 爪得保暖, 咱家今後過日子, 全靠它呢。

19. 大公雞踏竹時, 小雞也上去踏, 踏出一片小竹葉, 別有風味。

20. 小狗也想上去試試, 母雞說, 別介, 不是什麼爪都能入畫的, 大公雞的爪, 開過光的。

21. 母雞對小狗說, 大公雞是金腿金腳金雞。那金爪比人手還好使呢, 鳳爪啊!

22. 小狗的腿腳, 那是狗腿子, 只能做膏藥, 不能入字畫。小狗自認倒黴, 狗急了, 吠起來:"字畫不能下鍋煮, 百無一用是書生!"跟老九學的。

23. 大公雞見小狗垂頭喪氣地走了, 對母雞說, 何必這樣說呢, 怪傷狗的。

24. 母雞也感到傷了狗心, 不好意思, 狼心狗肺, 都是生靈, 雞頭鳳尾, 全是命裏註定。

25. 那天賣土豆的農民與人喝酒, 酒醉信口開河, 將賣畫之事講出來了, 語驚四座。

26. 這個故事在村裏傳開, 越傳越遠, 還越傳越神, 有一種說法, 那畫是宮裏流出來的, 皇上的!

27. 傳到領導耳朵裏時, 這幅畫已成了唐代上品, 價值連城了!

28. 領導讓人把老九叫來, 問問清楚。二柱子, 去把老九叫來!

29. 領導沒事不找, 找就一定有事了, 老九感到不妙。

30. 老九作無所謂狀, 走進領導辦公室, 領導讓他坐, 備了土茶一暖壺, 兩隻搪瓷碗。

31. 領導讓老九坐, 喝茶, 你能寫會畫, 就留下來做文書啦!

32. 不用下地幹活了?每天只是寫寫畫畫?是啊。有這好事?

33. 老九回到家裏, 做了幾個好菜, 大公雞、母雞和小雞娃們一起吃晚飯, 老九把領導讓他當文書的事告訴了雞們。

34. 大公雞說, 好事啊, 母雞說, 文化人幹文化活, 人盡其才了。

35. 老九從此坐了辦公室, 每日寫些發言稿或報告, 活不累, 還有時間看書。

36. 在村裏人眼裏, 老九當了官, 不敢隨便和他說話了。

37. 此時, 割資本主義尾巴的風過去了, 雞們又可以出來了, 全村只有這一窩雞。

38. 大公雞又可以打鳴, 母雞也可以報窩了, 小雞們想嘰嘰喳喳就嘰嘰喳喳。

39. "一人得道, 雞犬升天", 老九坐了辦公室, 他家的雞和小狗也被人高看一眼。

40. 大公雞被人們看得有些不自在了, 便問母雞, 我們沒毛病啊, 有啥值得看的呢? 母雞說: 那就是人有毛病了, 看就看吧。

41. 這天, 領導對老九說, 希望給他一張畫。

42. 老九欣然同意, 一張畫嗎, 不難, 過幾天就得。領導聽了很高興。

43. 老九回到家, 大公雞迎上來, 母雞問遇到什麼事了嗎? 老九說, 領導要畫, 正想怎麼辦呢。

44. 大公雞說, 這好辦, 交給我們辦吧。

45. 大公雞在地上作畫, 老九一邊看書, 一邊喝酒, 福氣啊。

46. 大公雞畫好了, 老九掛起來端詳, 題了一小對: "做官如牛耕地, 爲民似鳥翔天"。

47. 老九將畫交給領導, 領導頗爲高興。

48. 領導展開畫軸, 定睛觀看, 老九在幫忙, 小貓聞着墨香。

49. 領導接過畫不語, 面無表情, 老九丈二和尚摸不着頭腦。

50. 老九回到家, 大公雞上前問, 領導滿意嗎? 沒說一個字, 也沒有任何表情。是嗎?

51. 母雞勸老九: 送出去的畫, 潑出去的水, 不用管那麼多了, 今晚想吃點啥? 喝點不?

52. 想開了, 母雞端上鹹蘿蔔條和花生米, 大公雞拿出一瓶小二。

53. 第二天, 老九回到辦公室, 領導開會去了, 一天無事, 作一小對 : "日無煩惱三分樂, 夜有畫意七彩吟"。

54. 晚上回來, 兩位賣土豆的農民來訪, 問老九還有畫捎到城裏賣不? 大公雞和母雞忙前忙後上酒菜, 三人喝上了。

55. 老九說, 喝酒, 不提畫了。大公雞對母雞說, 不用再做菜了, 人們光喝了, 菜讓雞娃們吃了, 咱們也幫着打掃吧, 不能浪費。

56. 人喝醉了, 雞也吃飽了, 都困了, 睡了。

57. 過了幾天, 領導回來了, 見了老九很高興, 你的畫人們都說好, 被上級一位愛好書畫的領導借去臨摹了。

58. 咱們村喜歡唸書, 老少都崇尚詩文, 你是文化人, 正有用武之地呀。

59. 得到領導誇獎, 老九心裏美滋滋的, 走起路來精神抖擻。

60. 老九高興, 大公雞也高興, 母雞和小雞也都跟着高興。

사랑은
복잡하고도
단순한 일

"종일 한솥밥을 먹고 한 집에서 자니
세월이 흐르면서 정이 붙은 거지.
그냥 그런 거지, 그게 무슨 대수라고?"

어느 날 노구는 수탉에게 『수호지』에 대하여 이야기하고 있었다. 수탉은 양산(梁山) 영웅들의 이야기 듣기를 가장 좋아했다. 이때 까치 한 마리가 날아와 노구에게 이웃집에 한번 다녀오라고 했다.

이웃집에는 할머니가 살고 계셨다. 할머니는 늘 노구에게 "네 나이도 적지 않은데 장가를 가야지." 하곤 했다. 암탉은 항상 할머니와 이 문제를 논하며 적당한 배필을 소개해 줄 것을 청했었다.

할머니가 소개하려고 한 사람은 이웃 마을의 농민 처녀였다. 부모는 모두 농사꾼으로, 가진 지식은 별로 없지만 마음씨 좋고 인품이 무던한 분들이었다.

노구는 조금 쑥스러워졌다. 글을 대할 줄만 알았지, 사람과 교제하는 일에는 능하지 못했다. 여자와 사귀는 일에는 더욱 능하지 못했으니, 어떻게 말하면 좋을까? 닭들이 노구에게 아이디어를 내 주었다.

암탉은 노구에게 말했다. "어려울 게 뭐가 있어? 책 읽는 것보다 훨씬 쉬워. 내가 처음 애 아빠랑 연애할 땐, 서로 눈에 거슬리지 않고 밥 잘 먹고 건강하기만 하면 됐는데."

노구는 말했다. "지식인은 너희들과 달라. 밥 먹고 잠자는 것 외에 사랑이라는 것도 해." 그러자 암탉이 말했다. "우리한테도 사랑이 있는데, 우리끼리는 그걸 '격정'(激情)[5], '계정(鷄情)'이 아주 깊다고 말해."

암탉은 말했다. "종일 한솥밥을 먹고 한 집에서 자니 세월이 흐르면서 정이 붙은 거지. 그냥 그런 거지, 그게 무슨 대수라고?"

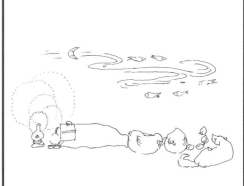

그날 밤, 노구는 잠을 이루지 못했다. 닭들도, 강아지도 모두 잠들어 있었다. 하늘의 달만이 깨어 있을 뿐 구름조차 모두 잠든 시간이었다.

5 중국어에서 '격정(激情)'이라고 할 때의 '激'자는 '닭 鷄'자와 발음이 같다.

암탉의 말에도 일리는 있었다. 사랑은 복잡한 것이지만, 간단하다고 생각하면 간단한 것이다.. 밥 먹고 잠자는 것은 극히 단순한 일이니까.

생각이 트이자 노구의 마음도 저절로 밝아졌다. 하늘은 높고 구름도 거의 없으며 물결은 잔잔하고 바람도 가볍게 불고 있었다.(天高雲淡, 水靜風輕)

며칠 후 할머니가 와서 "어떻게 할래? 동의하는지 답을 해 줘야지."하고 재촉하자 암탉이 "동의한다."라고 답했다.

암탉은 노구가 우물쭈물하는 것을 보고 할머니에게 "우리 노구는 하도 쑥스러워서 동의한다는 말도 못해요. 내가 대신 답할게요."라고 했다.

노구는 머리 숙여 책을 읽는 척하고 있었다. 할머니가 그걸 보고 웃었다. 암탉이 그 처녀 네 집도 동의하는 건지 묻자 할머니는 웃기만 하고 대답하지 않았다.

할머니는 이내 기뻐하며 떠났다. 암탉은 매우 신이 났다. 지식인 노구가 이번에 좋은 여자를 만났구나!

할머니는 처녀네 집으로 가 전했다. "그날 얘기했던 노구 선생 말야. 인품이 무던하고 지식도 있는데 더 바랄 게 뭐가 있겠니?" 암탉도 처녀네 집에 함께 따라와 있었다.

처녀의 얼굴이 연지를 찍은 듯이 붉어졌다. 할머니는 그 모습을 보고 처녀의 마음을 알아 차렸다. 암탉은 신랑을 잘 골랐다고 말했다.

처녀네 집 흰 고양이는 할머니가 떠난 다음, 처녀에게 작은 목소리로 "그 노구라는 사람은 뭐 하는 사람이야?" 하고 물었다.

"몰라." 흰 고양이는 주저하며 물었다. "잘 모르면서 노구를 받아들이는 거야? 그 사람이 아주 가난하면 어떡해?"

처녀가 마음속으로 '노구 씨는 문장 솜씨가 좋아.' 하고 생각하자, 흰 고양이가 "글을 아무리 잘 쓰면 뭐 해. 그걸 밥솥에서 끓여 먹을 수도 없고."라고 말했고,

처녀가 또 '노구 씨는 그림도 잘 그리지.' 생각하니, 흰 고양이가 "그림을 밥으로 먹을 수는 없어."라고 했다.

처녀는 흰 고양이에게 "그럼 어떤 사람에게 시집가면 좋으니?"하고 물었다. 흰 고양이는 "농사를 잘 짓고 성실하며 남을 배려할 줄 알고 시내에 가서 감자를 팔아서 용돈을 벌 수 있는 그런 사람이었으면 좋겠다."고 대답했다.

처녀는 아무 말도 하지 않았다. 고양이가 사람 마음을 어찌 헤아릴 수 있겠어? 모든 것이 다 하찮고 오로지 공부만이 고상한 법이지. 고양이는 졸고 있었다.

"노구에게 시집가도 좋지만 사람을 정확하게 봐야 돼. 노구네 집이 단출하긴 하지. 닭 몇 마리하고 강아지 한 마리밖에 없으니."

"그럼 너는 닭에게 시집가면 닭을 따라야 하고, 개에게 시집가면 개를 따라야 하겠네."
"허튼소리 마!"

"노구는 자기 닭들과 강아지에게 잘해 준다고 들었는데 내가 시집가면 나에게도 잘해 주겠지?"

흰 고양이는 대꾸했다. "그건 그 사람에게 물어 봐야지. 자야겠다. 졸린다. 어서 자." 그날 처녀는 꿈에서 노구와 닭들과 강아지를 보았고, 고양이는 꿈에서 물고기를 보았다.

암탉은 노구에게 얼른 옷을 장만하고 집을 수리해서 처녀를 데려오라고 재촉했다. 흰 고양이는 신랑감을 보러 달려왔다.

그러나 노구는 매일같이 책만 읽고 결혼 준비를 하지 않았다. 암탉의 마음은 매우 초조해졌다.

암탉은 제 발로 나서서 노구의 혼사를 준비하기 시작했다. 수탉도 옆에서 보조 역할을 하고 있었다.

암탉은 이불도 만들고 옷도 만들었다. 수탉이 도와주었지만 오히려 방해만 됐다. 강아지는 돕지 못했다. 암탉이 개 다리로는 이런 일을 못 한다고 말했기 때문이었다.

노구네 집에 달려온 흰 고양이가 강아지에게 물었다. "혼사 준비는 어떻게 되고 있니?" 강아지는 어떻게 대답해야 할지 몰랐다.

흰 고양이는 수탉에게도 물었다. "장가 준비는 잘 되고 있어?" 수탉은 그런 건 암탉이 잘 안다고 답했다.

노구는 낮에는 이전처럼 직장을 다녔으며, 밤에는 닭들과 강아지가 모두 잠든 후 날을 지샜다.

노구는 며칠 밤을 새 그림을 그렸다. 솜씨가 절묘하여 꿈결인 듯 선인인 듯했다.

"물은 달고 풀은 우거져 소는 살져 건장하고, 하늘은 높고 땅은 드넓으며 사람들은 장수해라.(水甛草美牛肥壯, 天高地廣人壽長)" 또다시 하룻밤이 지났다.

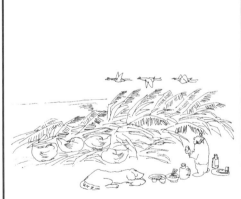

"달이 지고 까마귀 울어 대는데 하늘에 서리가 가득 내린다. 강가 단풍나무며 어선의 불빛이 시름겨워 잠든 이를 마주하네.(月落烏啼霜滿天, 江楓漁火對愁眠)" 도무지 잠을 이룰 수 없었다.

"하늘은 높고 구름은 맑게 고요하거니와, 풀은 높이 자라 말이 울부짖누나.(天遠雲淡靜, 草高馬嘶鳴)" 또 하룻밤을 보냈다.

"하늘이 높아도 새는 날기 그리워하지 않고, 바다도 넓지만 물고기 능히 뛰지 않노라.(天雖高鳥不戀飛, 海亦寬魚非能躍)" 또 밤을 샜다.

며칠 후 노구는 감자 팔러 시내에 가는 농부에게, 자기가 그린 그림을 팔아 달라고 부탁했다.

노구는 농부들을 보내자마자 바로 잠들었다. 그러고는 이틀 내내 깨어나지 못했다.

군수는 노구가 결근한 것을 알고 집까지 찾아
왔다. 암탉은 노구가 아프다고 말했다.

흰 고양이도 와서 "노구가 아파?" 하고 물었
다. 암탉은 고양이에게 노구는 아픈 게 아니
고 단지 잠이 부족하여 지금 자고 있다고 말
했다.

셋째 날, 농부가 노구의 집에 찾아왔다. 노구
는 그제야 깨어났다. 농부는 노구에게 그림
을 팔아 돈을 많이 벌었다고 했다. 노구는 번
돈을 반씩 나누자고 제의했다.

농부는 지난번에 많이 받았으니, 이번에는
받지 않겠다고 했다. 듣자 하니, "네가 결혼
준비를 하고 있다던데, 돈이 많이 필요할 거
야." 암탉은 "맞아, 맞아." 하면서 사양하지
않겠다고 했다.

암탉은 돈을 한 번 보고 또 노구를 한 번 보았다. "그야말로 재물신이구나! 며칠 밤 잠도 안 자고 이렇게 많은 돈을 벌다니. 정말 대단한 재간이야!"

장가갈 돈이 생겼다! 암탉은 처녀네 집에 갔다. 강아지와 수탉은 무슨 영문인지도 모르고 그냥 따라갔다.

암탉은 흰 고양이에게 말했다. "노구는 돈 없는 사람이 아니야. 돈은 책 속에 있고 붓끝에 있는 법이지."

흰 고양이는 이 말을 듣고 어리둥절해졌다. 암탉은 책 속에 황금으로 지은 집이 있다고 덧붙였다.

고양이는 처녀에게 말했다. "내가 노구한테 말해서 너에게 금 귀걸이, 금 목걸이, 금 팔찌 그리고 금 반지 등 네 가지 금붙이를 주게 할 거야."라고 했다.

처녀는 "이 바보야, 그러다간 남의 웃음거리가 될 거야. 나는 아무것도 원치 않아. 노구란 사람, 인품 좋은 게 제일이지."라고 말했다.

노구가 납채(納采) 예물을 주러 처녀네 집에 찾아왔다. 금과 은으로 만든 예물을 각각 네 가지씩 가져왔다. 노구는 쑥스러워서 얼굴이 붉은 토마토 같았다. 처녀도 많이 수줍어하며 받아야 할지 말지 망설이고 있었다.

노구도 어쩔 줄 몰라서 쭈그리고 앉아 있었다. 처녀는 그 자리에 서 있었지만 무슨 말을 해야 할지 몰랐다. 암탉과 흰 고양이는 서로 상의하기 시작했다.

그때부터 노구와 처녀는 항상 같이 걸으면서 나뭇가지에 있는 새를 보곤 했다. 노구는 "사람은 기쁜 일을 만나면 활력이 넘치고 새는 지기를 만나면 많이 모이네.(人逢喜事爽, 鳥遇知音多)"라는 시구를 읊었다.

이따금 노구와 처녀는 별이 떠 있는 밤하늘을 바라보며 노래했다. 처녀가 〈별이 내 맘 알아(星星知我心)〉라는 노래를 부르면, 노구는 "은하는 세상 일을 모르지만 사람의 마음은 되레 별에 기운다네.(星河不識人間事, 人心却常向星傾)"라는 시구를 읊었다.

노구는 처녀와 같이 강가에 서서 바람 소리를 듣고 파도를 보고 있었다. 노구가 읊었다. "강가에 뱃노래 들려오고, 마을 주변 피리 소리 뒤섞이네.(江邊漁歌起, 村旁笛聲錯)"라고 했다.

둘은 함께 작은 산비탈에 앉아 석양이 서쪽으로 지는 경치를 보았다. "노을이 산기슭을 붉게 물들이자, 돌아가는 까마귀들 저녁 구름을 몰아가네.(夕陽染山麓, 歸鴉馱暮雲)"

할머니가 암탉에게 "노구와 처녀는 어떻게 되고 있니?" 하고 묻자 암탉은 "아주 좋지. 매일 같이 나가서 풍경을 보는데 노구는 시를 읊고 처녀는 노래를 불러." 하고 대답했다.

"그럼 식은 언제 올려?" 할머니가 묻자, 암탉은 말했다. "이런 일은 노구에게 물어볼 것 없고 우리끼리 길일을 택해 정해주면 그만이야. 내일모레가 바로 길일이거든."

암탉이 노구와 처녀에게 내일모레가 길일이니 식을 치르자고 제의하자 노구와 처녀는 모두 웃었다. "그렇게 하자. 새로운 사회이니, 혼사는 간단하게 치르자."

대문에 쌍희(囍) 글자를 붙이며 암탉은 신이 났다. "그럼요. 우리는 작은 집인데 만사를 간단하고 검소하게 해야지." 노구는 "밭 갈고 글을 읽는 것은 나의 본분이요, 충과 효는 대대로 전해지리.(耕讀爲本分, 忠孝傳世家)"라는 대련을 대문에 붙였다.

결혼 바로 전날, 군에서 사람이 와서 성도 문화협회의 사람들이 노구를 서둘러 찾는다는 소식을 전했다.

노구는 감히 가지 않을 수 없어 급히 길에 올랐다. 처녀, 흰 고양이, 강아지 그리고 닭들이 모두 배웅했고 노구는 손을 흔들면서 "어서 들어가. 금방 다녀올게."라고 했다.

"지식인은 너희들과 달라.
밥 먹고 잠자는 것 외에 사랑이라는 것도 해."

"우리한테도 사랑이 있는데,
우리끼리는 그걸 '격정', '계정'이 아주 깊다고 말해."

1. 一天, 老九正在給大公雞講《水滸傳》, 公雞最愛聽梁山好漢的故事。這時, 飛來一隻喜鵲, 叫老九到鄰居家去一趟。

2. 鄰居家住的是大姥姥, 她對老九說, 你老大不小了, 該成個家纔好。母雞經常跟大姥姥嘮叨, 拜託她幫老九說個婆姨。

3. 大姥姥說的姑娘是鄰村的農家女, 父母是莊稼人, 雖沒什麼文化, 但心眼好, 爲人厚道。

4. 老九有些不好意思, 他只會跟文字打交道, 不善於跟人打交道, 更不善於跟女子打交道, 怎麼說呢？雞們給老九出主意。

5. 母雞對老九說, 這有啥難的, 比唸書容易多了。我剛跟大公雞那會兒, 看着順眼, 能吃沒病就行唄。

6. 老九說, 讀書人跟你們不一樣, 除了吃飯睡覺外, 還得講究個感情什麼的。母雞說我們也有感情, 我們叫激 (雞) 情, 雞情萬丈。

7. 母雞說, 整天在一個盆裏吃飯, 在一個窩裏睡覺, 日久生情, 就那麼點事, 有啥大不了的。

8. 當晚, 老九失眠了, 雞們都睡了, 狗也睡了, 天上的月亮沒睡, 雲睡了。

9. 母雞說得有道理, 感情雖然是個複雜的事, 但要說簡單也簡單, 當成吃飯睡覺, 就那麼點事。

10. 老九想開了, 心情自然開朗, 天高雲淡, 水靜風輕。

11. 過些日子, 大姥姥來問：“怎麼樣了？成不成？回個話啊？”母雞說：“成, 成啊。”

12. 母雞見老九吞吐難言, 上前對大姥姥說：“他不好意思說成, 我替他答了。”

13. 老九低頭作看書狀, 大姥姥樂了。母雞問姑娘家願意嗎？大姥姥笑而不答。

14. 大姥姥高興地走了，母雞更歡天喜地，老九是文化人，找了個好婆姨。
15. 大姥姥來到姑娘家，那天給你說的老九，人厚道，有文化，還圖個啥？母雞也來了。
16. 姑娘臉頰塗上胭脂，大姥姥明白了。母雞說這就嫁對郎了。

17. 姑娘家的大白貓等大姥姥走了，小聲問？"那老九家裏是做啥的？"
18. 不知道。大白貓猶豫："這都不清楚，就答應老九了？他家要沒錢咋辦？"
19. 姑娘心裏想，老九寫得一手好文章，大白貓說："文章不能下鍋煮。"
20. 姑娘又想，老九還畫得一手好畫呢。大白貓說："丹青不能當飯吃。"

21. 姑娘問貓："那你要我嫁什麼樣的人呢？"大白貓說："要會幹活，人老實，體貼人又能進城賣土豆，換點零錢花的那種人唄。"
22. 姑娘不語，貓怎懂人的心，萬般皆下品，唯有讀書高。貓打瞌睡了。
23. 嫁給老九也好，你看準了就行。老九家簡單，一窩雞，一隻小狗。
24. 那你就要嫁雞隨雞，嫁狗隨狗了？瞎說！

25. 老九對他的雞和狗那麼好，我過了門，他會對我好嗎？
26. 大白貓說，"那你得問他，該睡了，困了，睡吧。"姑娘夢見了老九和他的雞們和狗。貓夢見的是魚。
27. 母雞催老九，置辦衣服，收拾房子，快點把姑娘娶回家。大白貓跑來看未來的新郎官模樣。
28. 老九仍舊每天看書，並不準備婚事，母雞心裏很着急。

29. 母雞自己動爪，幫老九準備起婚事來。大公雞也幫着打下手。
30. 母雞做了被子，又做衣服，大公雞幫忙，越幫越忙，小狗不能幫忙，母雞說狗腿子不能做活。
31. 大白貓跑來老九家，問小狗，婚事準備得怎麼樣了？小狗不知說什麼是好。
32. 大白貓又問大公雞，娶媳婦的事準備得怎樣了？大公雞說母雞知道。

33. 老九白天仍舊上班, 晚上等雞和狗睡了便畫畫, 徹夜不眠。

34. 接連幾夜, 老九都在畫, 神來之筆, 如夢如仙。

35. 水甜草美牛肥壯, 天高地廣人壽長, 又一夜過去了。

36. 月落烏啼霜滿天, 江楓漁火對愁眠, 夜未眠。

37. 天遠雲淡靜, 草高馬嘶鳴, 一夜又過去了。

38. 天雖高鳥不戀飛, 海亦寬魚非能躍, 又是一夜未眠。

39. 過了幾天, 老九將畫交給進城賣土豆的農民, 捎進城賣。

40. 老九送走農民兄弟就睡了, 兩天兩夜, 睡不醒。

41. 鎮長見老九沒上班, 找到家來, 母雞說他病了。

42. 大白貓也來打聽, 問:"老九怎麼了?"母雞說:"他沒病, 缺覺, 補覺呢。"

43. 第三天農民來老九家, 老九醒了。農民說畫被人買了, 給了不少錢呢。老九說, 三一三十一, 分了吧。

44. 農民說上次拿多了, 這次不要了, 聽說你要辦喜事, 要用錢呢。是啊, 是的, 母雞說不客氣。

45. 母雞看一眼錢, 又看一眼老九, 財神啊!幾天晚上不睡覺, 就變成這一堆票子來了。神來之筆啊!

46. 娶媳婦有錢啦!母雞去姑娘家, 小狗、大公雞不知何故, 跟着都去了。

47. 母雞跟大白貓說, 老九不是沒錢, 錢在書中, 也在筆下。

48. 大白貓聽糊塗了。母雞說書中自有黃金屋。

49. 貓告訴姑娘, 我要老九送你四金:金耳環, 金項鍊, 金手環和金戒指。

50. 姑娘說, 傻咪咪, 讓人家笑話, 咱們什麼也不要, 老九他人好最重要。

51. 老九上門來送彩禮, 四金四銀, 臉羞得像西紅柿。姑娘也不好意思, 收也不是, 不收也不是。

52. 老九也不知如何是好, 蹲在地上, 姑娘站在那裏, 不知說什麼。母雞與大白貓商量起來。

53. 從此, 老九和姑娘經常走到外面, 看樹上的鳥, 老九吟了一句詩:人逢喜事爽, 鳥遇知音多。

54. 有時老九和姑娘仰望星空, 姑娘輕唱《星星知我心》, 老九吟詩:星河不識人間事, 人心卻常向星傾。

55. 老九和姑娘站在河邊, 聽風看浪, 老九吟道:江邊漁歌起, 村旁笛聲錯。

56. 老九和姑娘坐在小山坡上看夕陽西下, 夕陽染山麓, 歸鴉馭暮雲。

57. 大姥姥問母雞:"老九和姑娘怎樣了?"母雞說:"好着呢, 每天一起出去看風景, 老九吟詩句, 姑娘唱歌。"

58. "什麼時候辦事啊?"大姥姥問。母雞說這事不用問老九, 咱們幫着擇個吉日辦了。後天就是大吉日。

59. 母雞對老九和姑娘說, 後天是吉日, 把事辦了吧。老九和姑娘都笑了。辦吧, 新社會, 婚事從簡。

60. 大門貼上雙喜字, 母雞樂了, 那是, 咱們小門小戶的, 從簡從儉。老九在院門寫了一幅對聯"耕讀爲本分, 忠孝傳世家"。

61. 辦事的前一天, 鄉里來人捎信, 省城文化協會要老九去一趟, 要馬上動身。

62. 老九不敢不去, 匆匆上路, 姑娘、大白貓、小狗和雞們送行。老九招手:"回去吧, 我去去就回來。"

꼬끼오 필로소피 (4)

사회에
도덕이란 게
있을까?

"왜라니?
더 이상 왜라고 묻지 마."

저녁 무렵, 노구는 큰 수레를 타고 성도 교외까지 왔다. 수레꾼이 더 이상 못 가겠다고 하자, 노구는 수레에서 내려 수레꾼과 작별 인사를 하고 걸어서 성도로 들어갔다.

노구는 자정 무렵이 되어서야 드디어 성도 문화협회의 대문 앞에 다다랐다.

수위 아저씨는 노구를 수위실에 와서 앉게 하며 더운 물을 따라 주었다. "시골에서 오셨소?"

노구는 수위실에서 밤을 보냈다. 잠을 이루지 못해 처녀 생각을 하면서 대련 하나를 지었다. "한밤에 홀로 앉으니 날도 싸늘하거니와, 이지러진 달빛 아래 두 눈의 눈물 자국 깊어라.(夜半獨坐冷, 月缺雙淚深)"

93

날이 밝자, 문화협회의 부과장이 나와서 노구를 맞이했다.

부과장은 "상사께서 네가 글도 잘 쓰고 그림도 잘 그린다는 얘길 듣고, '문화묘회' 준비를 도와달라고 부르셨다."라고 했다.

부과장은 노구를 이 계장에게 소개했다. 이 계장은 노구를 사무실로 안내했다. "앞으로 이 책상을 쓰시오."

그날부터 노구는 매일 사무실에서 '문화묘회'에 관한 여러 가지 문서를 작성하는 일에 몰두했다.

하루 세 끼를 모두 식당에서 먹었다. 식당에는 탁상과 의자가 없어서 밥을 받아 사무실에 가져가서 먹어야 했다.

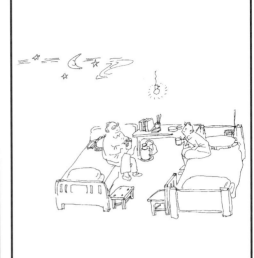

밤에는 '왕 군'이라는 이와 같은 기숙사를 썼다. 둘은 수다를 떨거나 술을 마시다 잠들곤 했다.

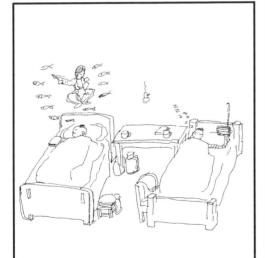

모두가 잠든 밤, 노구는 처녀가 집에서 자기를 위해 옷을 만들어 주는 꿈을 꾸었다.

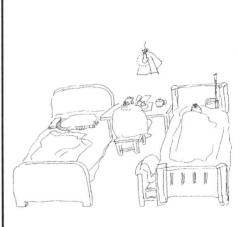

잠에서 깬 노구는 처녀와 암탉에게 각각 편지한 통을 썼다.

동이 트기 전, 노구는 성도 교외에서 감자를 파는 농부를 찾아 편지를 주면서 처녀에게 전해 달라고 부탁했다.

처녀는 편지를 받았다. 편지에는 노구가 성도 문화협회에서 일하고 있어 당분간 돌아가지 못한다는 소식이 적혀 있었다.

암탉도 편지를 받았다. 그는 노구의 편지를 온돌 위에 놓고 한 글자 한 구절씩 읽었다. 노구가 당분간 집에 못 돌아온다고? 그럼 결혼은?

처녀는 노구를 위해 만든 손수건 위에 "당신을 기다리고 있을게요."라는 붉은 글씨를 수놓았다.

암탉은 수탉을 시켜 노구에게 답장을 쓰도록
했다. 역시 비슷한 내용으로 "내가 당신을 찾
으러 가겠다."라고 썼다. 강아지는? 넌 그냥
집을 지켜라.

처녀와 암탉의 편지는 모두 야채 팔러 도시에
가는 농부에게 맡겨졌다. 그날 밤 큰 수레가
출발했고, 처녀, 고양이 그리고 강아지는 집
으로 돌아갔다.

노구는 그 편지를 읽었다. 처녀는 기다리겠
다고 하고 암탉은 찾으러 오겠다고 하는데 어
떡하면 좋지? 오면 어디서 묵게 할까?

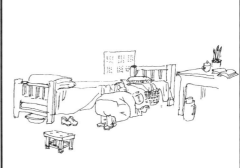

노구는 침대 밑에 닭 우리를 하나 만들고 암
탉이 오길 기다렸다.

암탉은 할머니에게 집을 지켜봐 달라고 부탁
했고 자전거를 타고 노구를 찾아 도시에 가
기로 마음 먹었다. 처녀는 그들을 배웅하러
왔다.

그렇게 하여 노구는 암탉, 수탉 그리고 병아
리들과 만났다.

노구는 닭들을 안고 '집'으로 돌아갔다. "성
안의 숙소가 조금 작네, 대도시잖아!"

노구가 기숙사로 돌아오자 왕 군이 매우 반가
워했다. 수탉은 조금 낯을 가렸다. 노구는 수
탉에게 말했다. "이 분은 좋은 분이야. 아저
씨라고 불러."

방에 들어간 노구는 닭들에게 먹이부터 주었다. 그는 제 몫의 밥을 먹지 않고 닭들을 위해 남겨 주었다.

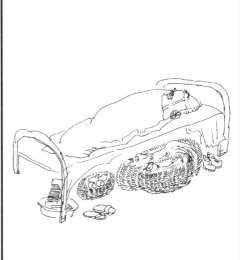

그날 밤 닭들은 노구의 침대 밑 우리에서 잠을 잤고, 노구는 『홍루몽』을 읽었다.

날이 밝자, 노구는 출근하기 전 닭들에게 문 밖으로 나오지 말고 방 안에 가만히 있어 달라고 당부했다. "도시에서는 사람들만 나갈 수 있어. 살아 있는 닭은 양계장에 있어야 하고 죽은 닭은 시장에 있어야 된다." "왜요?"

"왜라니? 더 이상 왜라고 묻지 마. 도시에는 여러 가지 규칙들이 많아서 누구나 다 올 수 있는 곳이 아니야." 닭들은 마치 감금된 것 같다고 느꼈다. "우린 아무 잘못도 없잖아?"

노구가 퇴근해 집에 오자마자, 닭들은 그에게 "도시는 인간에게는 천당이고 닭에게는 지옥이다."라고 하소연했다.

노구는 닭들을 위로했다. "여기서 바쁜 일을 다 처리하면 바로 너희를 데리고 집에 갈 거야. 변량(汴梁)성은 좋기는 한데 오래 머무를 곳이 아니야." 같은 방을 쓰는 왕 군이 말했다. "가지 마세요."

암탉은 하루 종일 방에 갇혀 있는데, 자유가 없다면 차라리 죽는 게 낫다고 했다. 왕 군은 "말씀이 지나칩니다."라고 했다.

왕 군은 말했다. "도시 사람들은 다 옷을 입고 다니고, 강아지도 외출할 때면 옷을 입죠. 중요한 자리에서는 정장, 즉 양복을 입어야 해요." "좋은 아이디어다!" 그러니까 닭들도 정장을 입으면 밖에 나가도 되겠네.

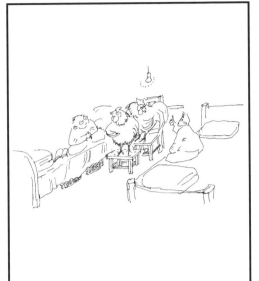

암탉은 노구에게 자기가 옷을 만들 줄 아니,
옷감을 사 달라고 말했다.

노구는 옷감을 사 왔고 암탉은 체격에 맞게
옷감을 재단하기 시작했다.

'한다면 한다. 재봉틀이 없으면 손으로라도
꿰매야겠다.'

집에 돌아온 노구는 수탉이 옷을 입어 보고
있는 것을 보며 암탉이 정말 영리하고 손재주
가 뛰어나다고 연신 칭찬했다.

수탉은 양복을 차려 입었고 암탉은 거울을 들어 그 모습을 비춰 주었다. 노구와 왕 군은 접대원 흉내를 내며 "안으로 들어오시오. 상석에 앉으시오." 하고 말했다.

암탉은 자기가 입을 원피스도 만들었는데 아주 예뻤다.

노구는 둘의 사진을 찍어 주었다. 암탉은 오래 전부터 사람들처럼 결혼사진을 찍고 싶어 했다.

사람들은 액자에 끼워 놓은 닭들의 사진을 넣놓고 바라보았다.

그날 밤 암탉, 수탉 그리고 노구는 왕 군에게 '지주를 타도하자(斗地主)'라는 이름의 카드 놀이를 배웠다. 여하튼 사람들은 정말 놀 줄 안다. 카드 놀이를 하는 데도 혁명의 이름으로 하다니!

카드 놀이에서 진 왕 군은 벌칙으로 얼굴에 딱지를 붙인 채 걸상 위에 올라갔다. 암탉은 그를 불쌍히 여겼지만 수탉은 규칙을 엄격하게 지켜야 한다고 했다.

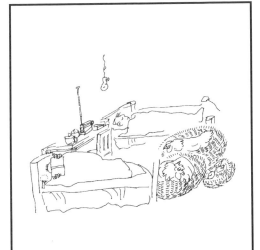

놀다 지친 노구, 왕 군 그리고 닭들은 잠을 자러 침대에 돌아갔으나, 잠들지 못한 노구는 손전등을 켜고 책을 읽었다.

깊고 조용한 밤, 노구는 결국 책을 읽지도 못하고 처녀 생각에 눈물을 흘렸다.

그날 아침 편지를 쓴 노구는 닭들에게 일렀다. 옷을 입고 나가서 감자 팔러 도시에 온 농부들을 찾고, 처녀에게 편지 한 통과 사탕 한 봉지를 전해 달라고 말이다.

수탉과 암탉은 거리를 유유히 거닐었다. 사람들과 비슷한 옷을 입고 있어서인지 아무도 그들을 눈치채지 못했다. 어쩌면 도시에 의관(衣冠)을 갖춘 금수(禽獸)들이 엄청나게 많아서인지도 모르지?

닭들은 농부를 찾아 편지를 전해 주었다. 농부들은 작은 바구니에 찐빵을 담아 왔다. 노구가 도시에서 배불리 먹지 못할까 봐 걱정한 처녀가 쪄 준 것이었다.

수탉과 암탉이 돌아가는 길, 건달 세 명이 그들을 막아섰다. 모두 손에는 방망이를 하나씩 들고 있었다.

건달들이 말했다. "서라! 물건을 내놔라!"
수탉은 바구니를 바닥에 놓고 전투 자세를 취
했다. 암탉은 우리가 적은 머릿수로 맞서기
에는 역부족이라고 했다.

건달들이 다시 말했다. "의관(衣冠)을 갖춘
금수(禽獸)들아! 옷을 벗어라!"
암탉이 말했다. "우리는 날짐승이다. 들짐승
이 아니야."

닭들은 정장을 벗었다.

암탉은 원피스를 벗었고 수탉은 양복을 벗어
잘 개어 놓고 말했다. "우리는 사람이 아니라
서 돈이 없다."

건달들은 닭들에게 진짜 돈이 없다는 것을 알고, 귓속말을 했다. "그러면 잡아서 닭국을 끓이자."

건달들이 닭들을 잡으러 돌진해 오자 암탉이 외쳤다. "여보! 찐빵 가지고 뛰자."

암탉은 "빨리 날자." 하고 큰 소리로 외치면서 옷을 잡고 날아갔다. 수탉은 찐빵 바구니를 잡고 하늘로 날아올랐다.

그들은 점점 더 높이 날아올랐다.

닭들은 무사히 돌아왔고, 노구는 처녀가 만들어 준 찐빵까지 가져온 것을 보고 매우 기뻐했다.

암탉의 수난사를 들은 노구의 감정이 격해졌다. "이런 법이 어디 있나? 사람들끼리 강도질하는 것도 모자라, 닭에게까지 강도질을 하다니! 사회에 도덕이란 게 과연 있는 것인가!"

암탉은 "됐습니다. 찐빵이나 먹고 나서 인간들의 도덕을 따져 보쇼."라고 했다.

찐빵을 먹으면서 노구는 또 처녀 생각을 했다.

1. 傍晚大車送到城郊, 車老闆不能再往前送了, 老九下車告別, 步行進城。

2. 老九走到半夜, 終於找到了省城文化協會的大門。

3. 看門的老大爺讓老九進來, 坐在收發室, 倒了熱水, 問:鄉下來的?

4. 老九在收發室睡了一夜, 睡不着, 想起了姑娘, 做了一首對聯:夜半獨坐冷, 月缺雙淚深。

5. 天亮了, 文化協會的副科長出來歡迎老九。

6. 副科長說, 領導聽說你能寫會畫, 借你來籌備文化廟會。

7. 副科長將老九交給李股長, 引進辦公室, 就坐這張桌子吧。

8. 從此, 老九每天坐辦公室寫文化廟會的各種稿子。

9. 三餐都在食堂吃飯, 食堂沒有桌椅, 打了飯端回辦公室吃。

10. 晚上老九跟小王住一個宿舍, 聊天, 喝小酒, 睡大覺。

11. 半夜, 都睡了, 老九夢見了姑娘, 在家幫他縫衣服。

12. 夜裏老九起來, 寫了封信給姑娘和母雞。

13. 天不亮, 老九出來, 找到農民賣土豆的城郊, 把信交給農民, 託他們捎信回村。

14. 姑娘收到來信, 老九告訴在省城文化協會工作, 一時半會回不來。

15. 母雞也收到來信, 擺在炕上, 一字一句讀。老九一時半會回不來了?還成家嗎?

16. 姑娘給老九做了一個手絹, 上繡三個紅字"我等你"。

17. 母雞讓大公雞用爪給老九寫了信, 也是三個字"我找你"。小狗呢?你看家。

18. 姑娘和母雞的信都交給進城賣菜的農民, 大車夜裏上路了, 姑娘和大貓小狗回家了。

19. 老九看了信, 姑娘要等, 母雞要進城, 怎麼辦? 住哪?

20. 老九在牀底下搭了一個雞窩迎接母雞進城。

21. 母雞請大姥姥看家, 坐着自行車進城找老九, 姑娘送行。

22. 老九見到了母雞、公雞和小雞們。

23. 老九抱着雞們回"家", 城裏的宿舍, 小點, 大城市嘛!

24. 老九回到宿舍, 同屋十分高興。大公雞有點認生, 他是好人, 叫叔。

25. 老九進屋先餵雞, 他自己的飯沒吃, 留着呢。

26. 雞們在老九牀底下的窩裏睡覺, 老九讀《紅樓夢》。

27. 天亮, 老九上班前叮囑雞們不要出門, 在屋裏安靜呆着。爲什麼? 城裏只有人可以出門, 活雞在養雞場, 死雞在市場。爲什麼?

28. 別問那麼多爲什麼。城裏規矩多, 不是誰都能來的。雞們好像被關禁閉, 沒犯錯誤啊?

29. 老九下班回來, 雞們訴苦, 城裏是人的天堂, 雞的地獄。

30. 老九安慰說, 等我忙完就帶你們回家去, 汴梁雖好, 非久留之地。別走啊, 小王說。

31. 母雞說, 整天被關在屋裏, 無自由, 毋寧死。小王說, 言重了。

32. 小王說, 城裏人穿衣服, 狗出門也要穿衣服, 出席重要場合還要正裝, 就是西服。好主意! 雞們穿上正裝, 就可以出門了。

33. 母雞說, 我會做衣服, 老九買布吧。

34. 老九買來布料, 母雞開始量體裁衣。

35. 說幹就幹, 沒縫紉機, 用手縫吧。

36. 老九回來看大公雞正試衣服, 連連誇母雞心靈手巧。

37. 大公雞穿上了西裝, 母雞拿着鏡子照。老九和小王做招待員狀, 領導裏面請, 雅座。

38. 母雞爲自己做了一件布拉吉, 美麗極了。

39. 老九爲公雞和母雞照了合影, 母雞一直想和公雞又一張人那樣的結婚照。

40. 雞的合影裝了鏡框, 大家都看呆了。

41. 晚上, 母雞公雞與老九和小王學習"鬥地主"。人真會玩, 打牌都以革命的名義。

42. 輸牌的小王, 罰站凳子, 臉上還貼紙條。母雞看着怪可憐, 公雞說 : 執法必嚴。

43. 玩累了, 老九、小王和雞們上牀睡覺。老九睡不着, 開手電看書。

44. 書看不下去了, 夜深人靜, 老九想起了姑娘, 淚水流落腮邊。

45. 老九清晨寫了信, 讓雞們穿好衣服, 出門送給進城賣土豆的農民, 捎給姑娘, 還有一包糖。

46. 公雞和母雞走在街上, 由於穿着和人一樣, 沒有人注意它們, 也許城裏的衣冠禽獸很多?

47. 雞們找到農民, 把信交給他們, 農民捎來一小籃饃, 是姑娘蒸的, 怕老九在城裏吃不飽。

48. 公雞母雞正往回走, 被三個城裏的小混混攔住, 手裏拿着棍子。

49. 混混 : 站住, 東西放下, 大公雞放下饃籃子, 拉開架勢, 準備鬥架。母雞勸道咱們寡不敵衆。

50. 混混 : 衣冠禽獸! 把衣服脫了! 母雞 : 我們是禽, 非獸。

51. 雞們脫下正裝。

52. 母雞脫下連衣裙, 大公雞脫了西裝疊好, 說 : 我們不是人, 沒有錢。

53. 混混們看雞真沒錢, 耳語, 捉回去煲雞湯吧。

54. 混混們衝下來捉雞, 母雞大喊, 老公, 快拿饃跑啊!

55. 母雞大叫, 快飛吧, 抓起衣服, 飛起來, 大公雞抓起饃籃騰空而起。

56. 越飛越高。

57. 老九見雞們回來了, 還帶來姑娘做的饅, 喜出望外。

58. 老九聽了母雞講了遇險的事, 感動不已。這都是什麼事, 有搶人的, 還沒見過搶雞的, 社會道德呢?

59. 母雞說算了, 先吃了饅再想你們人的道德吧。

60. 吃着饅, 老九又想起姑娘來。

꼬끼오 필로소피 (5)

쉴 줄 모르면
일할 줄도 모른다

"좋은 생활이 시작된 지
얼마나 됐다고,
왜 또 못 살게 구는 거야?"

도시 사람들은 대개 아침 8시에 출근하고 저녁 5시에 퇴근한다. 바쁠 때도 있고 한가할 때도 있고 힘들 때도 있고 기쁠 때도 있다.

노구는 바쁜 직장인이었다. 힘들지 않느냐는 질문을 들을 때마다 그는 대답했다. "힘들 게 있나, 농사일보다 훨씬 쉬운걸."

노구는 직장에서 늘 열심히 일했다. 빨리 일을 끝내고, 고향에 돌아가 장가가겠다고 결심한 터였다. 심지어 점심시간에도 태엽을 팽팽하게 감은 시계처럼 멈추지 않고 일했다.

퇴근 후, 동료들이 모두 집에 돌아간 뒤로도 노구만은 사무실에서 계속 일하고 있었다. 두 달 후에 필요한 문서 작업까지도 모두 끝냈다.

그러나 일은 하면 할수록 줄어드는 게 아니라 늘기만 할 뿐. 노구는 결국 책상에 기댄 채 잠들고 말았다….

꿈에서 노구는 처녀와 흰 고양이를 만났다. 처녀는 그를 바라보고 있었는데, 그 모습이 마치 "언제 집에 돌아오느냐?"라고 묻는 듯했다.

노구는 "여기 일을 끝내고 바로 돌아가겠다."라고 했고 처녀는 "언제 다 할 수 있냐?"라고 물었다. 노구는 "빨리 하고, 끝나는 대로 바로 돌아가겠다."라고 대답했다.

처녀가 그에게 동백꽃을 건네려 했는데, 꽃은 매우 아름답고 향기로웠다. 노구는 꽃을 받으려 했지만 아무리 해도 받을 수 없었다.

그 순간 노구는 꿈에서 깨어났다. 눈앞에는 처녀가 보이지 않았다. 그는 혼자 사무실에 앉아 있었고 사무실의 불은 아직 켜져 있는 상태였다.

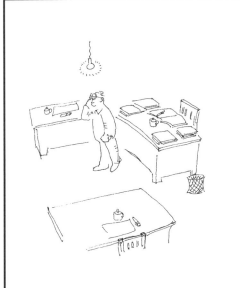

노구는 일어나 안경을 바로 쓰고 집에 가서 자야겠다고 생각했다.

집에 가서 자야지. 노구는 사무실을 떠나 집으로 갔다.

그러나 몇 걸음 걷던 노구는 이내 다시 사무실로 돌아갔다. 밤중인데 지금 돌아가면 왕군이나 닭들이 모두 깨어날 것 같아서.

노구가 다시 사무실로 돌아와 비몽사몽간에 앉아 있는 동안 어느덧 동이 텄다.

날이 밝자 언제 왔는지 모를 수탉과 암탉이 사무실 문 위에 앉아 있었다! 닭들이 밤새 노구를 찾아 다니던 끝에, 드디어 이 사무실을 찾아낸 것이다.

"너희들 왜 여기까지 왔니?" 노구가 묻자 닭들은 말했다. "우리 한숨도 못 자고 선생님을 찾았어."

노구는 별일 없다고 말했다. 암탉이 말했다. "수명에는 한도가 있지만 일에는 끝이 없어. 쉴 줄 모르면 일할 줄도 몰라." 노구가 "그건 누가 한 말이니?" 하고 묻자, 수탉은 "당신네 상사가 그랬지."라고 대답했다.

이때 부과장이 왔다. 닭들은 얼른 책상 밑으로 숨었다. 노구는 회의에 참여하러 나갔다.

"회의란 게 뭐야?" 수탉이 물었다. 암탉은 "보면 알잖아?" 하고 답했다.

"봐, 회의라는 것은 바로 한 사람이 이야기하고 다른 사람들이 그 이야기를 듣는 척하는 거야."

"어떨 때는 한 사람이 큰 소리로 이야기하고 다른 사람들이 작은 소리로 이야기하는 것이기도 해."

회의하던 사람들은 창문 밖에 있는 암탉과 수탉을 발견했다.

순간 회의가 멈췄다. 사람들이 모두 일어나서 경이로운 듯 팔을 휘두르며 큰 소리로 외치기 시작했다.

사람들이 창턱 가까이 오자 암탉과 수탉은 서둘러 날아가 버렸다.

회의가 모두 끝났다. 사람들은 "대계(大鷄)는 바로 대길(大吉)[6]이니, 오늘은 운수가 좋구나."라고 했으나, 노구만은 아무 말도 하지 않았다.

　6 중국어의 '닭 鷄'자와 '길할 吉'자의 발음이 같은데 모두 'jí'라고 발음한다.

부과장이 쫓아와 노구를 불렀다.

부과장이 물었다. "그 닭들, 자네가 기른 건가? 회의를 못하게 됐는데. 여기서 계속 일하고 싶으면 닭을 기르면 안 돼!"

기숙사로 돌아온 노구는 닭들을 쓰다듬으면서 말했다. "누군가 상사에게 고자질했나 보다. 도시에서는 닭들을 못 기르게 하니, 여긴 떠나자."

얼마 뒤 노구는 사표를 냈고, 닭들을 데리고 시골로 돌아가기로 했다.

감자를 모두 판 농부들이, 노구와 닭들을 자
전거에 태워 마을로 돌아갔다.

드디어 집에 돌아왔다. 이제 자유로워졌다.
처녀도 다시 만날 수 있겠다.

노구가 마을로 들어가자 처녀가 마중을 나왔
다. 할머니도 함께 나왔고 흰 고양이와 강아
지도 나왔다.

"무슨 잘못이라도 저질렀어요?" 처녀는 작은
목소리로 노구에게 물었다.

"아니요. 도시에서 닭을 못 기르게 해서 우리 끼리 돌아온 겁니다."

그날 밤 노구는 처녀, 닭들, 흰 고양이 그리고 강아지와 함께 식사했다.

식사가 끝난 뒤 노구는 처녀를 집까지 바래다 주었다.

처녀가 노구에게 또 갈 거냐고 묻자 노구는 안 가겠다고 답했다. 흰 고양이가 말했다. "그거 잘 됐다. 집에 있으면 천 날이라도 좋지 만, 밖으로 나가면 하룻밤도 어렵다네.(在家 千日好, 出外一夜難). 그럼 둘이 바로…"

암탉이 노구에게 말했다. "이번에 돌아왔으니까 식을 올려야지?"

집에 돌아온 처녀는 아주 기쁜 마음이 된 나머지, 흰 고양이를 두 손으로 높이 들며 "노구가 드디어 왔다!" 하고 외쳤다.

처녀는 꽃무늬 천을 찾아 옷과 이불을 만들었다.

이불은 총 두 채를 만들었다. 할머니는 바느질을 정말 잘했다고 처녀를 칭찬했다.

노구는 요리사를 불러 결혼식 준비를 시작했다.

야채 파는 농부들이 노구에게 소주와 떡을 보내왔다. 모두 도시에서 사 온 것들이었다.

노구와 처녀는 혼례를 치렀다. 둘은 절을 모두 세 번 했는데 한 번은 하늘과 땅에 바치는 참배였고, 다른 두 번은 임금, 친척 그리고 사부에게 바치는 절이었다.

마을의 남녀노소가 모두 축하를 전하러 왔다.

온 마을 사람들이 모두 잔치 밥을 먹으러 왔으며 아주 즐거워했다. 수탉이 암탉에게 말했다. "사람들의 결혼은 정말 호화롭구나."

그날 밤, 신랑 신부가 신방에 들어갔다. 닭들과 고양이, 그리고 강아지 모두 눈치가 있어 방에 들어가지 않고 마당에서 잤다.

낮이면 노구는 밭에 가서 일하고 새색시가 밥을 지었으며,

밤이면 노구는 책을 읽고 새색시가 바느질을 했다.

신혼부부는 조용한 나날을 보냈다. 그야말로 호수처럼 잔잔하고 고요한 일상이었다.

어느 날 할머니께서 급히 달려와 새색시에게 소식을 전해 주었다. "이웃 마을 닭들이 조류 독감에 걸렸는데, 사람들이 닭을 모조리 죽이고 있어."

새색시는 소식을 듣자마자 바로 노구를 찾아 갔다. 흰 고양이와 강아지도 따라갔다.

노구를 만난 새색시는 급한 마음에 말도 제대로 잇지 못했다. 한창 일하는 중이었던 노구는 말했다. "초조해하지 말고, 천천히 얘기해 봐요."

"좋은 생활이 시작된 지 얼마나 됐다고, 왜 또 못살게 구는 거야?"

"무슨 수를 생각해 봐야겠다."

집에 돌아간 노구와 새색시는 닭들을 소집해 회의를 했다. "상황이 급하니 빨리 대피해야 겠어."

새색시는 물만두를 만들어 먼 길 떠나는 닭들을 배웅했다.

노구와 새색시는 닭들에게 물만두를 먹이고[7]
그들을 배웅했다.

노구는 닭들에게 도시 친구에게 가서 신세를
지라고 일러 주었다. 새색시는 향을 피워 닭
들의 평안을 빌었다.

처벌이 두려웠던 농부들은 감히 닭들을 태워
줄 엄두도 내지 못했기에, 닭들이 날아가는
수밖에 없었다. 노구는 닭들이 찾아가야 할
친구에게 편지 한 통을 써 주었다.

수탉은 트렁크를, 암탉은 바구니를 들고 날
갯짓하며 하늘로 날아올랐다.

---

7 중국에는 '上馬餃子下馬麵' 혹은 '上馬餃子落轎麵', 즉 떠날 사람에게 물만두를 먹여 주고 찾아온 사람에게 국수를 먹여 주는 풍속이 있다.

1. 城裏人的工作早八晚五,有忙有閒,有苦有甜。
2. 老九屬於忙的上班族。問他苦嗎?不苦,比干農活輕省多了。
3. 老九上班抓緊時間工作,快點幹完,想早點回家成親。中午也不休息,像上足弦的鐘表一樣不停。
4. 下班,同事都走了,回家了,老九沒有家,還在辦公室幹活,兩個月以後的稿都寫出來了。

5. 工作不會越做越少,只會越做越多,老九最後在辦公桌前睡着了……
6. 老九夢到了姑娘和大白貓。姑娘正望着他,好像在問:什麼時候回家呀?
7. 老九想說:做完這裏的工作就回去。姑娘問:什麼時候做完啊?老九想說:我加緊做,早完早回。
8. 送一束山茶花,花那麼美,那麼香,老九想接過來,怎麼也接不到。

9. 老九醒了,眼前沒有姑娘,只有他一個人在辦公室孤坐,燈還亮着。
10. 老九站起來,扶了扶眼鏡,回家睡覺吧。
11. 該回去睡覺了,老九離開辦公室,往家走。
12. 走了幾步,老九又折返回來,都大半夜了,回去吵得小王和雞們醒了。

13. 老九又回到辦公室坐在椅子上,半睡半醒坐着,不知不覺天明瞭。
14. 天亮時,辦公室門上,大公雞和母雞不知什麼時候落在上面!雞們找了一夜,才找到這間辦公室。
15. 你們怎麼來這裏了?老九問。我們一宿沒睡到處找您呢!
16. 老九說,我沒事。母雞說,壽命有限,工作無限。不會休息就不會工作。老九問誰說的?你們人的領導唄,公雞回答。

17. 正在這時, 副科長來了, 雞們藏在桌下, 老九被叫去開會了。

18. 開會是什麼意思?公雞問。母雞說看一眼不就知道了。

19. 看見了, 開會就是一個人說話, 大家做聽講狀。

20. 有時開會是一人大聲說話, 大家小聲說話。

21. 母雞和公雞在窗子裏被開會的人看見了。

22. 會不開了, 人們站起來好奇地高舉手臂, 歡呼起來。

23. 人們爬上窗臺時, 母雞和公雞飛走了。

24. 散會了, 人們說大雞是大吉啊, 今天有好運, 只有老九不語。

25. 副科長追出來, 叫住老九。

26. 副科長問, 雞是你養的嗎?把會攪了。你要想在這裏工作, 就別養雞!

27. 老九回到宿舍, 撫摸着雞, 有人告密了, 城裏不讓養雞, 我們還是走吧。

28. 老九交上了辭呈, 帶着雞們回鄉下去了。

29. 農民賣完了土豆, 用自行車將老九和雞們拉回鄉村。

30. 可以回家了, 自由了, 見到姑娘了。

31. 老九進了村, 姑娘迎出來, 大姥姥也來了, 大白貓和小狗都來了。

32. 犯錯誤了?姑娘小聲問老九。

33. 沒有, 城裏不讓養雞, 我們就回來了。

34. 當晚老九和姑娘, 雞們、大白貓和小狗一起吃飯。

35. 飯後老九送姑娘回家。

36. 姑娘問老九, 還走嗎?不走了。大白貓說太好了, 在家千日好, 出外一夜難。那你們就……

37. 母雞對老九說, 回來該辦事了?

38. 姑娘回到家, 心裏美滋滋的。舉起大白貓:老九可回來了!

39. 姑娘找出花布, 做衣服縫被子。

40. 被子做了兩牀, 大姥姥誇針線活真好!

41. 老九請來廚師幫做婚宴。

42. 賣菜的農民兄弟給老九送來燒酒和點心, 都是從城裏買的。

43. 老九和姑娘辦喜事, 三鞠躬, 拜天地, 還拜君親師。

44. 村裏男女老少都來賀喜。

45. 全村人都來吃婚宴。紅紅火火, 公雞對母雞說, 人結婚多風光啊!

46. 晚入洞房, 雞們和貓狗都自覺沒有進屋湊熱鬧, 在院子裏睡。

47. 白天老九下地幹活, 姑娘做飯。

48. 晚上老九看書, 姑娘做針線。

49. 小日子, 一天天平靜地過去, 好像一湖水, 無波無風。

50. 一天, 大姥姥急忙跑來, 對姑娘說:鄰村的雞們得了禽流感, 正殺呢!

51. 姑娘聽到消息, 跑去找老九, 大白貓和小狗也跟着跑去。

52. 見到老九, 姑娘急得說不出話來。老九正幹活, 彆着急慢慢說。

53. 好日子剛過上, 怎麼又折騰了?

54. 得想個辦法。

55. 回到家, 老九和姑娘召集雞們開會, 情況緊急, 趕快躲躲。

56. 姑娘包了餃子, 送雞們出門遠行。

57. 老九、姑娘和雞們吃上馬餃子, 爲雞們送行。

58. 老九讓雞們進城投奔他的朋友。姑娘爲雞們燒香, 祈求平安。

59. 農民不敢用車送雞們進城。雞們只有飛去。老九寫了一封信, 讓雞去找他的朋友。

60. 公雞拎起旅行箱, 母雞拎起籃子, 拍打着翅膀, 騰空而起。

누구나 다
각자의
고민이 있다

"자자! 사람들한테 고민이 있는지 없는지는
자기가 제일 잘 알겠지.
우리가 괜한 걱정할 필요 없잖아."

닭들은 날아서 나무 꼭대기와 산마루를 지났다.

날다 지치면 내려와 쉬었다.

밤에는 풀숲에 숨어서 잤다.

날이 밝아 수탉이 '꼬끼오' 하고 새벽을 알리려고 하자, 암탉은 날갯짓하며 그를 막았다.

암탉은 날이 밝은 걸 보자마자 빨리 날자고 했다.

닭들은 주거지가 밀집된 마을 상공을 지났는데, 바로 도시의 교외 지역이었다.

암탉과 수탉은 날아가면서 길을 물었다. 새는 그들에게 "대도시에 거의 다 왔습니다. 뿌연 이불로 덮인 곳이 바로 목적지지요."라고 전해 주었다.

새는 "어디서 왔어요?" 하고 물었고, 암탉은 "시골에서 왔어요."라고 답했다. 새는 또 "뭐하러 왔나요?" 하고 물었고 수탉은 "살길을 찾으러 왔지."라고 답했다.

해가 채 지기도 전 도시에 도착한 닭들은 지붕 위에 자리를 잡았다.

닭들은 트렁크를 열고 정장으로 갈아입었다.

닭들이 옷을 모두 갈아입었을 때는 날이 어두워진 뒤였다. 그들은 트렁크를 유모차 삼아 병아리들을 태우고 인도를 거닐었다.

닭들은 노구가 써 준 주소를 따라 어느 대문 앞에 와서 문을 두드렸다. 문 안에서는 목소리가 들려왔다. "누구를 찾느냐?"

문이 열리고 뚱뚱한 사람 한 명이 다가왔다. 수탉은 노구의 편지를 전달해 주었다.

뚱뚱이 선생은 편지 봉투의 글씨를 보고 수탉과 암탉을 정원 안쪽으로 안내해 주었다.

뚱뚱이 선생이 노구의 편지를 읽는 동안, 목이 말랐던 암탉과 수탉은 공부차[8](功夫茶)를 마셨다.

뚱뚱이 선생은 찬장에서 음식을 꺼내 주었다. "우선 이것으로 요기하세요. 오느라고 고생 많았지요?"

8 복건성(福建省), 광동성(廣東省) 일대에서 차를 마시는 풍습의 한 가지이다. 다구(茶具)가 매우 정교하고 섬세하며 차를 따를 때와 마실 때 모두 일정한 순서와 예의가 있다.

뚱뚱이 선생은 노구의 편지에 적혀 있던 내용을 알려 주었다. "너희들은 거기서 잠시 피해 있다가, 시골 조류 독감이 지나간 후에 다시 돌아와."

"조류 독감이 뭐지? 모두 사람들이 지어 준 이름이다. 말 독감, 당나귀 독감 등등. 무슨 이름이든 알 게 뭐야. 잠이나 자자."

뚱뚱이 선생은 기능공이었다. 부유한 아버지를 두었으며 살림이 넉넉했고, 노구와는 절친한 사이였다.

뚱뚱이 선생은 비록 뚱뚱했지만 똑똑하고 손재주가 뛰어났다. 그는 그림을 표구하고 액자를 만들며 진흙을 빚거나 돌을 조각하는 일로 생계를 유지했다.

암탉은 뚱뚱이 선생이 표구한 그림 중 묵죽 한 폭을 봤는데, 그림이 매우 눈에 익었다. 남편이 그린 거 아냐?

바로 수탉이 그린 그림이었다!

암탉은 뚱뚱이 선생에게 "이 그림이 왜 여기에 있어?" 하고 물었다.

뚱뚱이 선생은 한 친구가 표구하려고 가져온 그림이라고 답해 주었다.

그날부터 수탉은 매일 집에서 정장을 차려입고 그림을 맡겨 놓은 친구가 오기만을 기다렸다.

하지만 친구라는 사람은 내내 오지 않았다. 그래도 수탉은 매일 엄숙하고 경건한 자세로 앉아 그 친구를 기다렸다.

며칠 뒤, 뚱뚱이 선생이 다시 돌아와 암탉에게 말했다. "그 친구는 오지 않을 거야."
"왜?"

뚱뚱이 선생이 말했다. "그 친구는 크게 횡재했기 때문에 그 그림을 찾지 않을 거란다."
"왜?"

"복권에 당첨돼서 돈을 많이 벌었다더라. 그러니 더 이상 그림을 파는 일로 생계를 유지하지는 않을 거야."

내 그림이 필요 없다니. 수탉은 매우 찜찜해졌다. "뭐, 그리 대단한 일도 아니잖아? 그것 때문에 찜찜해 할 필요 없어." 차를 갖다주던 암탉이 말했다.

그날부터 수탉은 더 이상 정장을 입지 않았고, 꿈을 아예 포기했다.

수탉이 높은 곳에서 사람들이 사는 모습을 바라보고 있자, 암탉은 "넘어지지 않게 조심해!" 하고 외쳤다.

암탉은 수탉에게 말했다. "우리는 사람이 아니야. 사람과 사람도 서로 비교할 수는 없는 법인데, 우리가 왜 사람들과 힘을 겨뤄야 해?"

수탉은 말했다. "내 꿈은 사람처럼 사는 거야." 그러자 암탉은 답했다. "꿈 깨! 우리가 만약 사람이 된다면 사람들처럼 또 고민하게 될 거야."

"사람들한테 무슨 고민이 있는데? 노구는 재미나게 살고 있잖아?" 암탉은 속세의 음식을 먹는 사람이라면 누구나 다 각자의 고민이 있기 마련이라고 답했다.

"노구는 아무 고민도 없는 것 같던데! 사람이 아닌가 봐?" 수탉이 얘기하자마자 암탉이 반발했다. "당신이 뭔데 노구가 사람이 아니라고 해?" 수탉은 몹시 화가 났다. "내 말은 노구가 사람이 아니라 신이라는 뜻이다. 왜?" 암탉은 아무 말도 하지 못했다.

암탉은 "자자! 사람들한테 고민이 있는지 없는지는 자기가 제일 잘 알겠지. 우리가 괜한 걱정할 필요 없잖아." 암탉은 그날 밤 꿈에서 노구를 만났다.

노구는 하늘의 구름 속에서 닭들에게 조류 독감이 이제 끝났으니 집에 와도 된다고 말했다. 닭들은 해가 동쪽에서 뜰 때까지 잠을 잤다…. 밖에서 누군가 문을 두드리는 소리가 들려왔다.

"누구세요?" 수탉이 물었다. "뚱뚱이 형을 찾으러 왔다." 문밖에서 목소리가 들려왔다. 암탉은 작은 목소리로 대답했다. "뚱뚱이 아저씨는 나갔다."

"문 좀 열어 주세요. 급한 일이 있어서 찾아왔어요." 수탉이 암탉에게 어찌하면 좋으냐고 묻자, 암탉은 정장을 입자고 하면서 밖을 향해 큰소리로 외쳤다. "기다리세요."

수탉과 암탉은 서둘러 정장을 입었다.

암탉은 문을 열어 주었고 수탉은 바른 자세로 앉아 있었다. "들어오십시오!"

그 사람은 사장 대신 그림을 찾으러 왔다고 했다. "무슨 그림을 찾으십니까?" 수탉이 물었다.

"묵죽 족자를 찾으러 왔습니다." 아, 그래? 수탉은 어떤 생각에 잠긴 듯했다. 암탉이 물었다. "뚱뚱이 선생이 지금 집에 안 계시니, 내일 찾으러 오면 안 되겠나요?"

"안 돼요!" 그는 몹시 조급한 모습으로 사장이 내일 출국할 때 그 그림을 가져가야 한다고 했다.

"그럼 조금만 기다리세요. 우리가 무슨 수를 생각해 봐야겠는데요." 암탉이 차를 대접하며 말했다.

수탉은 말했다. "내가 그린 그 그림을 가져가라고 해. 저 사람 저리 급한 걸 보니, 당장에 심장병이라도 걸릴 것 같더라."

"그래. 닭이 하고 싶지 않은 일을 다른 사람에게 강요하지 말자.[9] 저 사람 사정도 좀 봐주자." 수탉이 말했다. 암탉은 이 말을 듣고 대답했다. "그래."

9 '자기가 하고 싶지 않은 일을 다른 사람에게 강요하지 마라', 즉 '己所不欲, 勿施於人'이라고 해야 되는데, 중국어의 '자기 己'자와 '닭 鷄'자의 발음이 비슷하기 때문에 저자는 일부러 '鷄所不欲, 毋施於人'라고 익살스럽게 표현했다.

수탉은 묵죽 족자를 찾아서 암탉에게 주었고, 암탉은 그걸 찾으러 온 사람에게 건네주었다.

남에게 묵죽을 주면, 준 사람의 손에서도 묵향이 남게 된다. 암탉과 수탉은 아주 기뻐하며 춤까지 추었다.

그날 밤 뚱뚱이 선생이 돌아왔다. 암탉은 그에게 어떤 사람이 와서 묵죽 족자를 가져갔다고 알려 주었다.

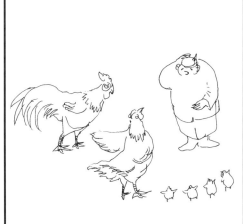

"뭐?" 뚱뚱이 선생은 귀를 의심했다. "가져갔어요!" 암탉이 다시 한 번 이야기했다.

뚱뚱이 선생은 그 얘기를 듣고 바닥에 쓰러졌다. "세상에, 어쩌지?"

"그림을 맡긴 사장은 오늘 아침에 죽었다고. 그림을 가져갔다는 사람, 분명히 사기꾼일 거다!" 뚱뚱이 선생은 놀라 부르짖었다.

"정말 죄송합니다. 사람들끼리 사기 친다는 말은 들었는데 닭에게까지 사기를 칠 줄은 몰랐어요."

뚱뚱이 선생은 체념한 듯 말했다. "사기꾼들이 사람이든 닭이든 따지겠니? 너희들은 그냥 가라."

"어떡해요?" 수탉이 말했다. "뚱뚱이 아저씨는 넋을 잃은 것 같은데."

그날 밤 뚱뚱이 선생이 잠들자, 암탉은 종이를 폈고 수탉은 발로 그림을 그렸다.

암탉은 밤새도록 그 그림을 표구했다.

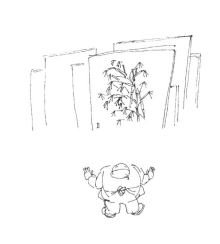

날이 밝았다. 잠에서 깨어나 묵죽 그림을 본 뚱뚱이 선생은 그게 꿈인 줄 알았다. 하지만 닭들은 모두 사라졌다.

1. 雞們飛過樹梢, 飛過山樑。

2. 飛累了, 就落下來歇息。

3. 晚上, 雞們躲在草叢裏睡覺。

4. 天剛亮, 大公雞喔喔司晨, 母雞趕緊擺着翅膀制止。

5. 母雞見天亮了, 說趕緊飛吧。

6. 雞們飛過一個房屋密集的上空, 這是城郊了。

7. 母雞和公雞一邊飛一邊問路, 鳥告訴他們, 快到大城市了, 灰濛濛的被子覆蓋的上空, 就到了。

8. 鳥問 : 你們從哪飛來的? 母雞回答, 鄉下。鳥又問 : 幹啥來了? 公雞回答 : 找生路。

9. 太陽落山前, 雞們飛進了城市, 落在房頂。

10. 雞們開箱, 換上行頭, 正裝。

11. 天黑了, 雞們換好衣服, 旅行箱改成小車, 推着小雞, 沿人行道走着。

12. 雞們按老九給的地址, 找到一個大門前, 敲門。門裏問 : 找誰啊?

13. 大門開了, 一個胖先生走出來, 大公雞遞上老九的信。

14. 胖先生看到信封上的字跡, 就把公雞和母雞讓進院子。

15. 胖先生看着老九的信, 母雞和大公雞渴了, 喝着功夫茶。

16. 胖先生從廚櫃裏找出食物, 先墊點, 路上累了吧?

17. 胖先生對母雞和公雞說, 老九信上說, 讓你們先在這裏躲躲, 等鄉下禽流感過了再回去。

18. 什麼叫禽流感？都是人起的名字，馬流感，驢流感，管它呢，睡吧。

19. 胖先生是個手藝人，父輩有錢，殷實之家，老九至交。

20. 胖先生雖胖，但心靈手巧，靠裱畫制框，刻石泥塑爲生。

21. 母雞在胖先生裱的畫中看到一幅墨竹，好眼熟啊！老公畫的嗎？

22. 正是大公雞畫的！

23. 母雞問胖先生，這幅畫是怎麼來的？

24. 是一個朋友送來裱的。

25. 從此，大公雞每天在屋裏着正裝，等待那位裱畫的朋友來取畫。

26. 但那位朋友一直沒有來取畫。大公雞依然每天正襟危坐等着。

27. 過了幾日，胖先生回來對母雞說，那位朋友不會來了。爲什麼？

28. 胖先生說他撞了個大金娃娃生意，不要這畫了。爲什麼？

29. 中了彩票大獎，發大了，不再靠買賣畫謀生了。

30. 人家不要我畫的畫了。大公雞很鬱悶，多大點事？不值當的，母雞端上茶。

31. 從那天以後，大公雞不再着正裝，也不再抱幻想。

32. 大公雞站到高處俯視人的生活。母雞說，看摔着！

33. 母雞開導大公雞，咱不是人，人都不能跟人比，咱跟人叫什麼勁啊！

34. 大公雞說，我的理想就是象人那樣。母雞說別想美事，真讓我們做了人，又會有人的煩惱了。

35. 人有什麼煩惱呢？老九不是很美嗎？母雞說，凡食人間煙火，必有人間煩惱。

36. 老九好像沒有煩惱？公雞問他不是人？母雞說，你敢罵老九？公雞急了，老九是神！母雞不說話了。

37. 母雞說睡吧，人有沒有煩惱自己知道，咱別操心了，當晚夢到了老九。

38. 老九在天上雲中對雞們說，禽流感過去了，你們可以回家了。雞們睡到了太陽東昇……有人敲門。

39. 誰呀？公雞問，找胖哥，門外傳來回答。母雞小聲說胖叔出去了。

40. 開開門，有急事找他。公雞問母雞怎麼辦？母雞說着正裝，大聲對外說，等會兒。

41. 大公雞和母雞着上正裝。

42. 母雞開門，大公雞正襟危坐：請進！

43. 來人說是替老闆取畫的。取什麼畫啊？大公雞問。

44. 墨竹中堂。噢？大公雞若有所思。母雞說胖師傅不在家，明天取成嗎？

45. 不成啊！老闆明天出國要帶畫走啊！來人急了。

46. 您先等一下。我們想個辦法。母雞說，先喝茶。

47. 大公雞說，就是我畫的那幅，給他拿走吧，看給人急的，就快心臟病了。

48. 是啊，雞所不欲，勿施於人。行個方便吧。母雞說，好的。

49. 大公雞找出墨竹中堂，交給母雞，母雞遞給來人。

50. 送人墨竹，手留墨香。母雞和公雞高興得跳起舞來。

51. 晚上，胖先生回來了，母雞告訴他，墨竹中堂取走了。

52. 什麼？胖先生以爲耳朵聽錯了。取走了！母雞再說一遍。

53. 胖先生聽了，坐倒在地上，天啊！怎麼了？

54. 送畫的老闆今早死了！取畫的一定是騙子！胖先生驚呼。

55. 真的對不起，只聽過騙人，還沒聽說騙雞的。

56. 胖先生說，騙子哪管是人還是雞啊！你們走吧。

57. 怎麼辦呢？公雞說，胖叔跟丟了魂似的。

58. 入夜，胖先生睡了，母雞鋪好紙，磨好墨，大公雞金爪做畫。

59. 母雞連夜裝裱。

60. 天亮了, 胖先生醒來, 墨竹失而復得, 還以爲是在夢裏。雞們卻不見了。

우리는 그래도
이렇게 살아 있다!

닭들이 마치 사람처럼 바빴다.
생계를 꾸리기 위해서인가?
아니면 살기 위해서인가?
일하기 위해서인가?
아니면 괜히 헛수고하는 것인가?

그날 밤, 뚱뚱이 선생은 비몽사몽한 상태로
밭에 누워 있었다.

꿈속에서 닭들은 탁 트인 공간에서 중요한 일
을 하고 있었다.

깨어난 뚱뚱이 선생은 묵죽을 보자마자 닭들
을 찾았는데,

아무런 대답이 없었고, 닭들을 찾아봤으나
그들이 어디로 갔는지 행방을 알 수 없었다.

뚱뚱이 선생은 하루 종일 닭들을 찾았지만 끝내 찾지 못했다. 어쩔 수 없이 노구에게 편지를 써서 닭들을 잃어버린 사실을 알려 주었다.

노구는 편지를 받자마자 곧장 아내에게 큰일이 났다고 말했다!

시골에서와 마찬가지로, 도시에서조차 닭들을 수용해 주지 않는구나. 노구는 바닥에 쭈그려 앉았다. 혈압까지 치솟았다.

그날부로 노구는 앓아누워 버렸다. 아내가 그에게 한약을 달여 주었다. 약을 몇 첩이나 먹었는데도 영 차도가 없었다.

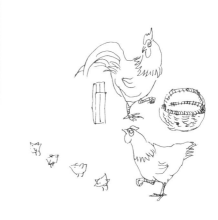

한편, 뚱뚱이 선생 집을 떠난 수탉과 암탉은 병아리들을 데리고 거리를 떠돌아다니고 있었다.

갈보가 되었다고? 욕하는 거니? 우리는 사람이 아니잖아. 갈보라는 말은 자유롭다는 의미야.

자유로운 건 좋지만 먹을 밥도 없고 묵을 곳도 없으니, 빨리 방도를 찾아야겠다.

어떤 방법이 좋을까? 시골로 돌아가서 노구를 찾을까? 그렇지만 조류 독감이 아직 퇴치되지 않았으니 차라리 도시에 남아 떠돌아다니는 것이 낫겠지.

떠돌아다니는 일도 좋지만, 살길부터 찾아야겠다. 정장을 입고 일거리를 찾아봐야겠다.

그들은 길가로 나와 전봇대에 붙어 있는 작은 광고를 보았다. '가짜 증명서 만들어 주기', '방 임대 정보', '자물쇠 열어 주기', '식당 종업원 구하기' 등등….

한참 살펴본 끝에 드디어 마음에 드는 구인 광고를 발견했다: 구두약 판매원.

그들은 주소대로 금계(金雞)표 구두약 파는 곳을 찾아갔다.

"금계표 구두약입니다. 빨리 사 가세요! 떨이
입니다. 왕창 세일입니다!" 닭들은 사람들이
물건 팔 때 내는 소리를 흉내 내며 외쳤다.

닭들이 금계표 구두약을 파니, 순식간에 큰
인기를 얻었다. 사려는 사람들이 몰려서 장
사가 아주 잘되었다.

도시 관리원은 닭들을 보고 만화 캐릭터인 줄
알고 웃었다. "저 부부, 정말 웃긴다."

장사는 몹시 잘되었다. 돈을 조금씩 벌기 시
각히가 머은 밥도 생겼다,

163

밤이 되면 닭들은 빌딩 지붕 위에 올라가 밤을 보냈다. 도시의 방값은 비싸지만 지붕 위는 공짜니까.

또 비가 오면 지붕 밑에 몸을 숨겼다. 사람들이 새들을 위해 만들어 준 공간이었는데, 이제는 닭들도 이곳에서 비를 피할 수 있을 터였다.

닭들은 사람들처럼 아침 8시에 출근하고 저녁 5시에 퇴근했다. 또한 사람들과 마찬가지로 가족을 부양하기 위해 돈을 벌어야 했다.

그들은 사람들과 똑같이 바쁘고 분주했다. 그런데 도대체 무엇 때문에 바빴던 것일까? 이는 마음속에 오래전부터 품어 온 염원이 있었기 때문이다.

바람이 부는 날도 출근해야 하고,

비가 오는 날도 출근해야 했다.

또 동이 트기 전에 일어나야 했다. 일찍 나가
야 길이 막히지 않기 때문이었다. 지각하면
안 되니까.

지녁 되근 시간이 지나도 야근을 해야지.

사람들은 하루 일하면 다시 하루가 다가오고, 삶이란 게 한 해가 지나면 다시 한 해가 찾아오지. 그럼 닭들은? 조류 독감을 만났다가 다시 조류 독감을 만나면서….

사람들에게는 사람의 고민이 있고 닭들에게는 닭들의 조류 독감이 있다. 암탉이 말했다. "무슨 생각해요? 좌판을 벌여야지요."

닭들이 마치 사람처럼 바빴다. 생계를 꾸리기 위해서인가? 아니면 살기 위해서인가? 일하기 위해서인가? 아니면 괜히 헛수고하는 것인가?

"그런대로 만족합시다." 암탉이 말했다. "우리는 그래도 이렇게 살아 있잖아요? 시골의 닭들은 모두 저승에 갔는데…." 이 말을 듣자 수탉은 말문이 막혔다.

이날 퇴근길 신문 판매대를 지나면서, 수탉은 눈에 띄는 기사 제목을 발견했다.

신문에 '大師墨寶, 世紀拍賣(대가의 귀중한 묵보, 세기적인 경매)'라는 제목의 기사가 있었다. 그 기사와 함께 실린 사진은 바로 수탉의 묵죽 족자였다.

돈을 가져오지 않은 탓에, 신문을 사지도 못하고 그저 바라볼 수밖에 없었다.

"도대체 살 거야 말 거야?" 신문 판매원이 큰소리로 외쳤다. "이런 식으로 신문 보는 사람이 어디 있어? 양복 입은 양반이 왜 보기만 해!"

167

닭들은 신문을 놓아두고 곧장 경매장으로 달려갔다.

새들의 안내에 따라, 닭들은 마침내 도시 교외에 자리 잡은 국제 최고의 서예화 경매장을 찾았다.

경매장에 들어간 닭들은 강단 위에 서 있는 낯익은 얼굴의 사람을 보았다.

바로 뚱뚱이 선생님 집에서 그림을 가져간 사람이었다.

수탉은 큰 소리로 외쳤다. "이건 국보가 아닙니다! 내가 발로 그린 것입니다!"

순식간에 좌중이 떠들썩해졌다. 경매하는 사람이 놀라 소리쳤다. "이 자는 누구냐? 감히 이런 미친 소리를 하고?"

암탉은 수탉을 밖으로 끌어내면서 외쳤다. "빨리 가요. 우리는 저 사람들한테 맞설 수 없어요!"

그러나 수탉은 암탉의 손을 뿌리치고 경매대 위로 뛰어올랐다.

"이건 정말 내가 발로 그린 거예요!" 모욕을 당한 경매자는 "너 간이 부었니?" 하고 욕했다.

"그럼 내가 바로 이 자리에서 그려 보여서 증명해 드리겠습니다. 붓과 먹을 준비해 주세요!"

수탉은 양복을 벗고 닭발로 먹을 찍어 종이에 그림을 그리기 시작했다.

짧은 사이에 묵죽 한 폭이 종이 위에 생생하게 그려져 있었다. 넋을 잃은 좌중은 그 광경을 우두커니 바라보았다.

갑자기 경매자가 외쳤다. "조류 독감이야! 그 닭을 빨리 잡아!"

수탉을 향해 달려든 몇몇 사람이 그를 붙잡았다. 당황한 암탉은 급히 도망갔다.

사람들은 수탉을 줄로 묶은 뒤 새장 안에 집어 넣었다.

그리고 나시 수탉을 봉고차에 넣었다.

차는 도시를 한참 달리다 멈췄다. 사람들은 새장을 차에서 꺼내 들고 어떤 아파트 안으로 들어갔다.

그들은 수탉을 풀어 두고 새장을 어떤 상 밑에 넣었다. 그리고는 문을 잠그고 나가 버렸다.

쥐 한 마리가 달려 나왔다.

"당신은 왜 여기에 오셨어요?" 쥐가 물었다. 수탉은 말도 안 나올 정도로 화가 치밀어 오른 상태였다.

사람들은 이내 다시 돌아왔다. 쥐는 인기척을 느끼자마자 숨어버렸다. 사람들 중 한 명이 "이 닭을 그냥 잡아먹자." 하고 말했다.

다른 한 사람이 말했다. "차라리 살려주고 그림을 그리게 해서 우리를 위해 돈을 벌게 하자."

사람들은 다시 나갔다. 쥐는 수탉에게 말했다. "어떻게든 방법을 찾아서 도망가."

새장이 이렇게 튼튼한데 어떻게 도망을 가지?

1. 那一夜, 胖先生迷迷糊糊, 半夢半醒, 好像自己躺在莊稼地裏。

2. 夢到雞們在廣闊天地, 大有作爲。

3. 胖先生醒來, 看到墨竹, 喊雞們。

4. 但是沒有迴應, 雞們不知去向。

5. 胖先生找了一天, 不見雞們的蹤影。只好寫信給老九, 告訴他雞丟了。

6. 老九收到信, 趕緊叫妻子, 出事了!

7. 鄉下容不得雞, 城裏也容不得雞。老九蹲在地上, 血壓都高了。

8. 老九病倒了, 妻子熬了中藥, 吃了幾付, 也不見好。

9. 大公雞和母雞帶着小雞離開胖子家, 在街上游蕩。

10. 成野雞了?罵人的話?我們又不是人, 自由自在的意思。

11. 自由自在好, 就是沒有飯吃, 沒有地方住。雞們得想辦法。

12. 想什麼辦法呢?回鄉下找老九嗎?禽流感還在。留在城裏漂着吧。

13. 漂着好, 得找生活。着正裝, 找事做。

14. 來到街上, 看電線杆子上的小廣告, "辦證"、"租房"、"開鎖"、"餐廳服務員"……

15. 終於看到一箇中意的招聘小廣告 : 鞋油推銷員。

16. 按照地址, 找到推銷金雞牌鞋油的地方。

17. 金雞牌鞋油, 快來買啊!清倉大拋賣了。雞們學着人們的喊叫聲。

18. 雞賣金雞鞋油, 一下子就火了, 購買者衆, 買賣興隆!

19. 城管看見了雞, 還以爲是卡通人在促銷, 笑了:這倆口子, 挺幽默!

20. 買賣不錯, 賺了一點錢, 有飯吃了。

21. 晚上, 雞們飛到樓房頂上過夜。城裏房子很貴, 但頂子上卻免費。

22. 如果下雨, 就躲在大屋頂下, 這是人爲鳥建的家, 現在雞也在這避雨。

23. 跟人一樣, 早八晚五地上班, 跟人一樣, 爲了養家去掙錢。

24. 跟人一樣, 忙忙碌碌。爲了啥呢?心中有一個宿願。

25. 大風天, 要去上班。

26. 大雨天, 還要去上班。

27. 天不亮, 得起牀, 早出門, 不堵車, 怕遲到。

28. 晚上下班得加班。

29. 工作日復一日, 人生就是一年又一年。雞們呢?禽流感又接着禽流感……

30. 人有人的煩, 雞有禽流感。母雞說, 想什麼呢?擺夜攤呢!

31. 跟人一樣忙, 忙謀生?還是忙生活?忙工作?還是瞎忙活?

32. 知足吧, 母雞說, 至少還活着, 鄉下的雞們都歸西了!公雞不語。

33. 這天下班, 在路上看見報攤, 公雞一眼看到醒目標題。

34. 報紙上印着, 大師墨寶, 世紀拍賣, 配發的照片正是墨竹中堂。

35. 沒帶錢, 不能買, 只能看。

36. 買不買啊?報攤主喊了:沒有這樣看報紙的, 還西裝筆挺的呢!

37. 雞們放下報紙, 跑向拍賣場!

38. 飛鳥爲雞們引路, 終於找到設在城郊小樹林裏的國際頂級字畫拍賣市場。

39. 雞們趕到拍賣現場, 站在臺上的人, 看上去好面熟啊!

40. 這個人, 好像就是來胖叔家取畫的那個人。

41. 大公雞在人羣中高叫, 這不是國寶!是我用腳畫的!

42. 衆人譁然!拍賣者驚了!何人?敢出此狂言?

43. 母雞拉起大公雞, 趕緊離開。咱惹不起人啊!

44. 大公雞突然掙脫, 跳到拍賣臺上。

45. 這就是我用腳畫的!拍賣者受到侮辱, 你好大的膽!

46. 當場畫給諸位看!那我今天要長眼了, 筆墨伺候!

47. 大公雞脫下正裝, 金爪蘸墨, 在紙上畫起來。

48. 頃刻間, 一副墨竹, 躍然紙上。眾人看得呆若木雞。

49. 拍賣者突然大叫, 禽流感!把它拿下!

50. 撲上來幾個人, 七手八腳, 逮住大公雞, 母雞倉皇逃走。

51. 他們將大公雞綁了, 裝在籠子裏。

52. 又把雞裝上小麵包車。

53. 他們車在城裏開了一陣, 把雞籠搬下車, 搬上一個居民樓。

54. 鬆了綁, 將雞籠放在一個條案下, 鎖門走了。

55. 一隻小老鼠跑出來。

56. 你怎麼來這裏了?小老鼠問。大公雞氣得說不出話來。

57. 那夥人又回來了。小老鼠躲起來, 一個人說, 殺了吃肉吧。

58. 另一個說, 不如留下, 為我們畫畫賺錢。

59. 那些人又出去了。小老鼠對大公雞說, 得想辦法逃生啊!

60. 雞籠牢固, 怎麼才能逃出去呢?

사람들은
좋은 말을
듣기 좋아하는 법

"수탉 님을 TV에 나오게 해서 닭발로 그림을 그리게 하면,
시청률도 높아질 거고 광고 인기도 치솟을 거라니까요."

수탉이 잡혀 간 뒤, 암탉은 그를 구하기 위해 노구를 찾아 시골로 돌아갔다.

날아서 동네에 도착할 즈음, 암탉은 이미 기진맥진하여 지붕 위에 내려앉았다. 강아지가 암탉을 발견했다.

강아지는 암탉을 집안으로 안내해 주었다. 암탉을 본 노구는 왜 혼자서 왔냐고 물어봤다.

암탉은 수탉이 잡혀갔다고 답했다.

노구는 농부들을 찾아 수탉을 어떻게 구하면
좋을지 의논하였다.

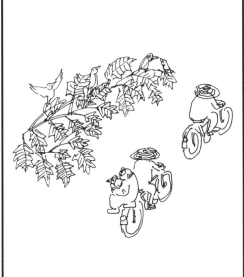

이튿날, 노구는 농부 두 명과 함께 암탉을 데
리고 자전거로 시내에 들어갔다.

한편 그 나쁜 사람들은 수탉을 어떻게 이용하
면 돈을 벌 수 있을지 상의하고 있었다.

그들은 비밀리에 돈 벌 계획을 하나 세웠다.

나쁜 사람들은 수탉을 새장에서 나오게 한 뒤 웃는 얼굴로 그를 맞이해 주었다.

그들은 며칠을 굶은 수탉에게 먹을 것도 대접해 주었다.

일단 먼저 배불리 먹은 다음에 애기하자. 백성은 먹는 일을 가장 큰 일로 삼는다고 했는데, 닭들도 예외는 아니었다.

배불리 먹고 나자 수탉은 정신을 차렸다.

그들은 만면에 미소를 띠며 수탉에게 말했다.
"예술가님, 고생시켜서 정말 미안합니다."

"이게 다 오해예요. 우리는 당신의 천부적인
예술 자질이 마음에 듭니다."

사람들은 좋은 말을 듣기 좋아하는 법인데,
그건 수탉도 마찬가지였다. 그는 날개의 깃털
을 푸드덕거리며 으스댔다. "난 정말 천재야!"

"당신이 큰 그림 한 폭을 그려 큰 돈을 벌어
주면 우리와 3, 7제로 나눕시다. 예술가님께
7할을 드리겠습니다. 그 후 당신은 탄탄대로
를 걷고, 저희는 외나무다리를 건널 겁니다."

"그 뒤에는 어떻게 하면 돼요?" 수탉은 새장 위로 뛰어올랐다.

"TV 방송국에서 엽기적인 광고를 제작하기로 했는데 당신이 그림 그리는 과정을 생방송할 계획입니다. 국보급 유명 인사들이나 대가들도 그 행사에 참가할 겁니다. 주목적은 양말 판매죠."

수탉을 가방 안에 집어넣은 나쁜 사람들은 그 가방을 들고 TV방송국을 향해 갔다.

그들은 프로그램 진행자의 매니저를 방송국 근처 식당으로 불러, 수탉을 소개해 주었다.

"수탉 님의 금 닭발이 낭세령(郎世寧)[10]의 붓보다 더 뛰어납니다."

"수탉 님을 TV에 나오게 해서 닭발로 그림을 그리게 하면, 시청률도 높아질 거고 광고 인기도 치솟을 거라니까요."

매니저는 자사(紫砂) 주전자에 녹차를 따라 마시면서 듣기만 하고 묵묵부답이었다. 나쁜 사람들은 성급하게 재촉했다. "되는지 안 되는지 대답을 해 주셔야지."

한참을 듣고 있던 매니저가 일어나 보스처럼 손짓하며 답했다. "저희와 2, 8제로 나누시죠. 물론 제가 더 많은 쪽을 가져야겠습니다."

10 17~18세기에 활동한 이탈리아의 화가 주세페 카스틸리오네를 말한다. 청나라 파견 후 '낭세령'이라는 이름으로 중국에서 활동하였다.

그리 내키지 않았으나 그들은 끝내 응하고 말았다. 매니저는 그 다음날 수탉에게 리허설을 시켰다.

이튿날, 나쁜 사람들은 수탉을 데리고 방송국에 왔다.

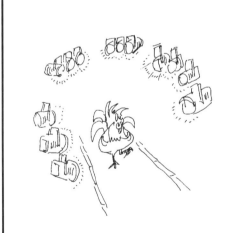

수탉은 프로그램에 출연하자마자 큰 인기를 얻었다. 방송국은 '금계대도(金鷄大道)'라는 프로그램을 방영하여 시청률의 신화를 탄생시켰다.

수탉은 득의양양하여 날아올라 그림을 그렸고, 좌중의 박수갈채를 받았다.

'금계대도'는 각 채널에 인기리에 방영되었고 광고주들은 앞다투어 몰려왔다.

서점에서는 수탉이 사인한 책이 불티나게 팔렸다. 반려동물들도 줄 서서 구매했다. 징과 북 소리가 요란했고 오색기가 펄럭였으며, 몰려든 고양이와 강아지가 산과 바다를 이루었다.

수탉은 스타가 되었다. 관중들은 더 이상 그를 수탉으로 보지 않고 우상처럼 추종하였다.

하지만 수탉은 자유롭지 못했다. 또 행복하다고 느끼지도 않았다. 그는 마음속으로 암탉만을 그리워하고 있었다.

그 무렵 노구와 농부들은 시내에 나가 사방으로 수탉을 찾고 있었다.

그때 노구가 상점 쇼윈도 안에 있는 텔레비전으로 수탉을 발견했다.

어떻게 하면 수탉을 구할 수 있을까?

노구와 농부들은 예고편을 통해 사흘 후 TV 경연 대회가 있으며, 그때 수탉이 나와 공연한다는 소식을 알게 되었다.

예정대로 사흘 후, 경연 대회 생방송이 시작됐다.

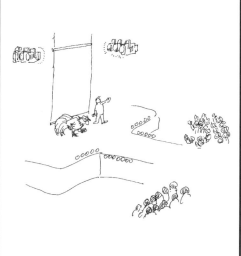

무대는 T자형이었고 가운데에는 큰 종이 한 장이 걸려 있었다. 진행자는 수탉을 소개했다.

노구와 농부들은 생방송이 진행되는 노천 야채 시장까지 찾아왔다. 그들은 화물차 위에 서서 먼 곳을 바라보았다.

진행자가 끝없는 이야기를 이어가던 도중, 수탉은 갑작스레 심경의 변화를 느꼈다. 그는 사방을 두리번거리다가 무대에 설 마음을 잃고 말았다.

진행자는 반 시간 동안이나 이야기했고 그동안 옷도 두 벌이나 갈아입었다. 그날의 주인공이 그인지 수탉인지 모를 일이었다.

한 시간은 더 있어야 얘기가 끝날 지경이었다. 관중들은 박수로 야유하며 더 이상 듣기 싫으니 공연을 빨리 시작하라고 재촉했다.

공연이 시작되었다. 수탉은 공중에 날아오르면서 그림을 그렸다.

수탉은 한참을 그리고 난 뒤, 액자 위로 날아올라 목청 높여 노래를 부르기 시작했다. 노래 제목은 〈향련(鄕戀)〉[11]이었다.

11 고향을 그리워하는 정서를 표현한 노래이다.

노래를 마치자 '금계독립[12]이라는 특기도 보여 주었다. 지금 시대는 연기하는 시대이다. 사람뿐만 아니라 닭도 연기할 필요가 있다.

그림도 그렸고 노래도 불렀고 '금계독립'까지 보여 주었는데, 아직도 부족한 게 있나?

수탉은 소감을 이야기했다. "아직 상을 못 받았잖아요!"

"저한테 협조해 주실 수 있습니까? 제가 '하나, 둘, 셋'을 외치면 박수를 쳐 주시는 겁니다." 관중들은 뜨겁게 박수를 쳐 주었다.

12 한쪽 다리만으로 서 있는 자세이다.

"이봐, 얘기 다 끝났으면 내려와." "좀 기다려. 올라올 수는 있지만 내려갈 수는 없어. 내가 왜 물러나야 돼?[13] 난 무슨 잘못을 저지르지도 않았는데!"

"관중들이 아직도 박수를 보내 주고 있으니, 앙코르해야겠다!" "돌아와!" 진행자는 그를 붙잡지 못했다.

노구와 농부들은 아무 말 없이 가만히 보고만 있었다. 암탉은 참을 수가 없었다. 수탉이 무슨 병이라도 걸렸는지, 사람처럼 미쳐버렸다

암탉이 수탉에게 헛기침하자 수탉은 이내 우두커니 멈췄다.

13 중국어에서 '무대에서 내리다'와 '정권을 넘겨주다, 권력을 잃다, 공직에서 물러나다'는 모두 '下臺'라고 표현할 수 있다.

수탉이 공중에서 날아오자 관중들은 놀라서
소리 질렀다.

수탉은 암탉 앞에 내려왔다.

암탉과 수탉은 서로 포옹하면서 눈물을 흘렸
다. 그 장면이 사람들을 감동시켰다.

암탉은 울고 난 뒤 고개 들어 수탉을 보면서
"당신, 별일 없지요?" 하고 물었다.

"일은 무슨? 요즘 사람들이 다 이래. 보다 보면 별일 아니야." 수탉은 이렇게 말했다.

관중들은 놀라서 어리둥절했다. 그들은 이 기쁜 장면이 진행자가 일부러 연출한 것인 줄 알았다. "정말 멋지다!"

노구는 닭들에게 말했다. "집에 가서 얘기하지, 너희들 빨리 날아가라."

닭들은 북서쪽을 향해 날아갔다.

1. 大公雞被抓走後, 母雞飛回鄉下, 找老九解救公雞。

2. 飛到村裏時, 已經筋疲力盡, 落在房上, 小狗看見了母雞。

3. 小狗把母雞迎進家門, 老九見狀, 怎麼你自個兒回來了?

4. 母雞說 : 大公雞被抓了。

5. 老九找到農民兄弟商量, 如何救出大公雞?

6. 第二天, 老九和兩個農民兄弟帶着母雞就騎車進城了。

7. 再說那壞人, 正在商量怎樣利用大公雞賺錢呢。

8. 他们密谋了一个赚钱的办法。

9. 那幾個壞人將大公雞放出牢籠, 笑臉相迎。

10. 請大公雞吃東西, 餓了幾天了?

11. 先吃飽了再說, 民以食爲天, 雞也不例外。

12. 飽了, 大公雞精神起來。

13. 他們滿臉堆笑, 對大公雞說, 真對不起, 大藝術家, 讓您受委屈了。

14. 這完全是誤會, 我們很欣賞您的藝術天才。

15. 人愛聽好話, 大公雞亦然。抖着羽毛, 撲扇翅膀 : 天才啊!

16. 請您畫幅大畫, 掙筆大錢, 咱們三七分賬, 您得大份。然後您奔陽關道, 我們走獨木橋。

17. 怎樣做法?大公雞跳上籠子。

18. 電視臺要做一個雷人廣告, 直播作畫過程, 還將邀請諸多國寶、大師到場, 目的是推銷西襪。

19. 壞人把大公雞裝進一個行李袋, 拎出來向電視臺走去。
20. 在電視臺邊的一餐館裏, 約出來一位欄目主持人的代理人, 向其介紹大公雞。

21. 大公雞的金爪比郎世寧的毛筆還好使呢!
22. 讓大公雞上電視, 鳳爪作畫, 收視率一定高, 廣告一定火!
23. 電視臺的那個代理人用紫砂壺喝綠茶, 只聽不語。那幾個壞人急了:成嗎?給個話啊!
24. 聽了一會, 代理人站起來, 作出領導的手勢, 二八分賬, 我拿大頭。

25. 雖不高興, 也先應下來, 代理人讓大公雞明天來試鏡頭。
26. 第二天, 壞人帶着大公雞來到電視臺。
27. 大公雞一出場, 就火了。電視臺推出"金雞大道"欄目創收視率海嘯。
28. 大公雞自鳴得意, 飛起來作畫, 贏得滿堂彩!

29. 金雞大道在各頻道熱播, 廣告商趨之若鶩。
30. 書店開始熱賣有金雞簽名的書。排隊的都是寵物, 鑼鼓喧天, 彩旗飄揚, 貓山狗海……
31. 金雞成了明星, 觀衆並不把它當公雞, 而將它視爲偶像。
32. 可是大公雞沒有自由, 也不感到幸福, 心裏想的是母雞。

33. 老九和農民兄弟進城, 四處尋找大公雞。
34. 老九在商店櫥窗電視機中看見了大公雞!
35. 怎麼才能把大公雞從電視裏救出來呢?
36. 老九和農民看見電視預告, 三天後將有電視大獎賽, 大公雞有表演。

37. 三天後, 電視現場直播一場大獎賽。
38. 舞臺是T字型的, 中間懸掛一大紙, 主持人正在介紹大公雞。

39. 老九和農民兄弟找到電視直播現場, 就是一個露天菜市場, 他們站在一貨車上, 遠遠地看着。

40. 主持人正在滔滔不絕, 大公雞突然感到了什麼, 四處看看, 無心舞臺。

41. 主持人說了半小時, 中間還換了兩套衣服, 不知他是主角?還是大公雞?

42. 終於還有一個小時就說完了, 觀衆鼓倒掌, 不想聽了, 催表演開始。

43. 表演開始了, 大公雞飛上半空作畫。

44. 畫了一會兒, 大公雞飛上畫框上樑, 引吭高歌, 唱的是《鄉戀》。

45. 歌畢, 又表演絕活:金雞獨立。這是一個表演的時代, 不但人需要表演, 雞也需要表演。

46. 畫了, 唱了, 金雞獨立也表演了, 還不過癮?

47. 大公雞還要發表感言, 還沒獲獎呢!

48. 配合一下好不好:我喊一、二、三鼓掌, 觀衆熱烈鼓掌。

49. 講完了, 下來吧!等會兒, 能上不能下, 下臺?我又沒犯錯誤!

50. 觀衆還在鼓掌呢!我得返場!回來!主持人拉不住。

51. 老九和農民兄弟沒說話, 靜靜地看着。母雞忍不住了:大公雞出什麼毛病了?快跟人一樣瘋了。

52. 母雞衝着大公雞咳嗽了一聲, 大公雞立刻不動了。

53. 大公雞從空中飛過來, 觀衆驚呼!

54. 大公雞落在母雞面前。

55. 母雞與大公雞擁抱在一起, 流下眼淚, 場面感人!

56. 母雞哭完, 擡頭看着大公雞, 你沒事兒吧?

57. 沒有啊!現在人都這樣, 你見多就不怪了, 大公雞說。

58. 觀衆驚呆了, 以爲是主持人安排的驚喜一刻!太精彩了!

59. 老九對雞們說, 有話回家再說, 你們趕緊飛吧!
60. 雞們飛起來, 向西北方飛去。

만족할 줄 알면
항상 즐겁다

"우리 더 이상 도시에 가지 말아요.
아무리 많은 돈을 준다고 해도 가지 말아요."

삶이란 것은, 어떤 때는 산과 물이 겹겹이라 길이 막혔나 싶다가도, 또 어떤 때는 버드나무 짙푸르고 꽃이 만발한 새 길이 열리곤 한다. 닭들은 마침내 집에 돌아왔다.

무엇이 행복일까? 가족들이 한자리에 모인 것, 따스한 밥, 맛있는 국, 맛이 깔끔한 술, 진실한 마음, 이것이 행복이지.

안정적인 생활이 바로 잘 사는 것이다. 혹자는 이 사실을 잘 모르겠지만 닭들은 이를 잘 알고 있다.

아름다운 삶은 바로 만족할 줄 아는 삶이다. 혹자는 그렇게 생각하지 않겠지만 닭들은 이렇게 생각한다.

행복한 세월은 평안하고 고요한 세월이다. 혹자는 그것을 느끼지 못하겠지만 닭들은 느낄 수 있다.

달콤한 나날은 반드시 지난 후에야 그 맛을 체득할 수 있는 법이지만, 닭들은 그 즉시 바로 체득할 수 있다.

달빛은 휘영청 밝지만 손에 닿을 수 없고 오직 마음으로만 느낄 수 있다. 왜 그럴까? 사람들 모두가 그것을 아는 것은 아니다. 하지만, 닭들은 모두 그것을 안다.

책에 실린 이야기는 믿으면 있는 것이고 안 믿으면 없는 것이다. 닭들은 모두 믿고 있지만, 사람들이 모두 믿는다고 할 수는 없을 것이다.

노구는 만족할 줄 아는 사람이다. 밥이 따뜻하고 침대가 평안하기만 하면 모든 것이 대만족이다!

노구가 일하러 밭에 나가자 아내는 집에서 닭들과 수다를 떨었다.

아내가 노구에게 반찬이 맛있냐고 물으면 노구는 "맛있지, 맛있어." 하고 대답했다. "왜 맛있죠?"

노구는 한참 생각했지만 어떻게 답하면 좋을지 몰랐다. 수탉이 노구 대신 대답했다. "그 반찬은 손으로만 만든 게 아니라 마음을 담아 만든 것이니 맛있지요."

그날 밤 아내는 암탉에게 어떻게 하면 똑똑해질 수 있냐고 물어봤다. 암탉은 대답했다. "철학을 배워요. 노구가 가르쳐 줄 겁니다."

그 무렵 세상에는 '수학, 물리, 화학만 제대로 배우면 어디를 가더라도 두려워할 것이 없다'는 말이 엄청나게 유행했다. 철학을 배우는 이들이라곤 노구네밖에 없었다.

노구가 말했다. "옛날, 장주(莊周)가 꿈에 나비가 되었어. 팔랑팔랑 날아다니는 나비였는데 스스로도 즐거워하고 만족스러워했지." 암탉이 말했다. "나비도 시의 소재가 되는 마당에, 닭이라고 왜 못 돼?"

노구가 구절을 읊었다. "피라미가 나와 조용히 노네. 이것이야말로 저 고기의 즐거움이로다." 암탉이 말했다. "물고기도 시의 소재가 되는데, 오리는 왜 못 돼?"

노구는 말했다. "진실함이란 것은 하늘로부터 타고난 것이니 물론 바꿀 수는 없을 것이네. 그러므로 성인은 하늘을 법도로 삼고 진실함을 귀중히 여기며 세속에 구애받지 않아야 한다네." 암탉은 말했다. "시에는 거짓을 쓰지 않지만, 사람들은 가끔 거짓말을 하곤 해."

노구는 또 말했다. "스스로 이겨내지 못하겠거든 그대로 마음을 따르라. 그러면 정신적 고뇌가 사라질 것이다. 스스로 이겨내지 못하면서도 억지로 따르지 않는다면 그것은 자신을 이중으로 상하게 하는 일이다. 거듭 자기를 상하게 하는 이들 중에는 오래 사는 이가 없다네." 아내가 말했다. "밥이 다 되었는데 정신적 고뇌가 좀 사라졌는지요?"

노구가 읊었다. "작은 나나니벌은 큰 벌레를 자기 새끼로 길러 내지 못하고, 작은 닭은 큰 고니의 알을 부화시키지 못하지만 큰 닭은 그것이 가능하다." 이에 암탉은 "나도 할 수 있다."라고 대꾸했다.

노구는 이어서 말했다. "닭과 닭을 놓고 볼 때 그 덕은 모두가 같다. 그런데 누구는 가능하고 누구는 가능하지 않다면 본래부터 재능에 크고 작은 차이가 있었기 때문이다."라고 했다. 암탉은 "사람과 사람은 차이가 커서 서로 비교할 수 없지만, 닭과 닭은 서로 비교할 수 있다."라고 했다.

어느 날 할머니가 암탉에게 노구 색시는 뭘
하고 있냐고 물었다.

암탉은 철학을 공부하고 있다고 대답해 주었
다. "철학이 뭐냐?" 할머니는 닭이 하는 말을
이해하지 못했다.

"철학은 바로 사람들이 날마다 읽어야 하는
경전이다." 암탉이 설명했다.

"잘 살게 하는 철학이 있나?" 할머니가 노구
아내에게 물었다.

"글쎄, 철학은 배우기가 아주 어려워요." 아내는 고개를 저었다.

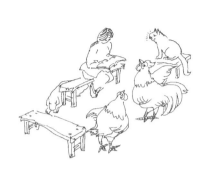

아내는 물었다. "알지 못하는 것이 아는 것이로다! 아는 것이 알지 못하는 것이로다! 허, 누가 알지 못하는 것이 아는 것임을 알겠는가?" 암탉은 "잠시 후 노구 선생이 돌아올 텐데, 그는 물론 알겠지요."라고 했다.

노구가 돌아와서 아내에게 "아는 것을 안다고 하고 모르는 것을 모른다 하는 것이 바로 안다는 것이야." 하고 답해 주었다.

노구는 말했다. "어리석은 사람들은 이와 반대야. 하늘을 법도로 삼지 못하고 사람의 일에 얽매여 고생하지. 진실함을 귀중히 여길 줄 모르고 세상일에 따라 세속과 함께 변화하기 때문에 언제나 '부족(不足)', 즉 만족할 줄 몰라." 암탉은 이 말에 엉뚱한 질문을 했다. "족(足)은 왜? 발에 무슨 문제라도 있어?"

"도는 만물의 근원이 되는 것이다. 세상 만물이 이것을 잃으면 죽고, 이것을 얻으면 살지. 일을 함에 있어서는 이것을 거스르면 실패하고 이것에 순응하면 성공하는 것이지." 암탉은 말했다. "자연에 순응할지어다!"

"만족할 줄 아는 사람은 이익 때문에 스스로를 해치지 않고, 자득할 줄 아는 사람은 이익을 잃어도 두려워하지 않고, 마음으로 수행한 사람은 지위가 없어도 부끄러워하지 않는다." "이젠 알겠어요." 암탉은 "이것이 바로 '만족할 줄 아는 사람이 항상 즐겁다'는 말이군요!"라고 외쳤다.

날벌레가 닭들을 보고 "너희들이 난다고 해봤자 어디까지 날 수 있겠냐? 몇 길 가지도 못하고 내려와 쑥대 사이를 빙빙 돌기나 하면서." 하고 비웃었지만 닭들은 화내지 않았다. 그저 벌레의 마음으로 닭의 포부를 헤아리는 것일 뿐이니.

"충분한 도를 닦고 지극함에 이른 사람은 자신의 존재조차도 잊게 되고, 신묘한 능력을 가진 신인은 큰 공을 세워도 그것을 의식하지 않으며 지혜와 덕이 많은 성인은 세속에 명성을 구하지 않아 이름조차 알려지지 않는다." 닭들에게도 이름이 없다.

"산의 나무는 스스로 베어져 자라고 기름불
은 스스로를 태워버린다. 먹을 수 있는 계수
나무는 사람들에 의해 잘리고 옻나무는 옻칠
에 쓰이기 위해 껍질이 벗겨진다. 사람들은
모두 유용의 쓰임을 알지만 무용의 쓰임은 아
무도 모르는구나." 암탉은 말했다. "어떤 환
경에서나 거기에 적응하고 만족하자."

"못가에 사는 꿩은 열 걸음을 걸어야 한 번 쪼
아 먹을 모이를 만나고, 백 걸음을 걸어야 한
번 마실 물을 만난다. 그러나 우리 속에 갇혀
길러지기를 바라지는 않는다. 우리 속에서는
신경 쓰느라 고생할 일은 없겠지만 꿩은 그곳
에 사는 것을 좋아하지 않을 것이라." 암탉은
말했다. "선한 사람은 오래 살고 악한 사람은
악취를 남길 뿐이지."

어떤 사람이 날마다 이웃집의 닭 한 마리를
훔치고 있다고 해 보자. 다른 사람이 그에게
"이것은 군자의 행위가 아니다." 하고 일러
주었다. 그러나 그는 "훔치는 횟수를 좀 줄여
한 달에 한 마리씩만 훔치고, 내년부터는 훔
치지 않겠네." 하고 답했다. 암탉은 말했다.
"그럼, 천천히 훔쳐도 되겠구려. 흥."

"그 행위가 나쁜 걸 알면 바로 하지 말아야 되
는데 왜 내년까지 기다려야 하지?" 암탉은 말
했다. "맞아. 잘못을 알면 고쳐야지."

노구의 아내는 노구가 읊은 문구를 모두 받아 적었다.

노구는 집에 돌아와 술을 마시고 있었다. 아내는 곁에서 물을 마셨다. 노구는 아내에게 말했다. "술 좀 마셔요. 금 술잔이 헛되이 달과 마주 보게 하지 말게."

어느 날 노구는 피곤해서 책도 보지 않고 그냥 자 버렸다. 아내는 미음을 들고 옆에서 기다렸다. 갈증이 생기면 노구가 마실 것이었다.

이튿날 노구는 일어나서 한 마디 했다. "나물 밥을 먹고 물 마시며 팔을 베고 누웠으니 즐거움이 모두 이 안에 있다."

기분이 좋아진 노구가 말했다. "아침에 도를 깨달으면 저녁에 죽어도 좋으니라." "제발, 제발 그러지 마!" 아내가 놀라 소리쳤다.

"군자는 덕을 생각하며 소인은 좋은 땅에 안주하려 한다." 그런데 아내는 언제 아이를 가질 생각이지?

농부들이 도시에서 돌아와 말하길, 도시 사람들이 이젠 국학을 배우기 시작했다고 했다. 할머니는 물었다. "그게 무슨 뜻이냐?"

"무슨 강단에서 강의하는 것 같던데." 암탉이 물었다. "텔레비전 방송국에서 하는 건가?"

할머니는 노구 아내를 찾아와 당부했다. "자네 집 노구더러 텔레비전 방송국에 가서 강의를 하게 해. 분명히 큰 인기를 얻을 거다."

"할머니가 당신더러 텔레비전 프로그램에 참가하라고 하셨어요." 아내는 말했다. "무슨 강단이라고 한 것 같아요." 노구는 그 말을 듣고 웃으면서 말했다. "난 농부야. 텔레비전인지 뭔지, 전부 도시 사람들이 괜히 만들어낸 것인걸."

이젠 신문에서도 국학 특강을 연재하기 시작했다.

노구는 신문을 다 보고 나서도 아무 말도 하지 않았다. 아내는 그 신문을 치우면서 "포장하는 데 쓰면 좋겠네."라고 했다.

그 무렵 방송국에서는 백방으로 수탉을 찾고
있었다. 금년 '금계상' 수상식 때 수탉을 초청
해 초중량(VVIP)급 내빈으로 모실 생각이었
다.

"왜 초중량급이람? 다들 다이어트라도 하는
건가? 크고 살찐 돼지를 초청하는 게 더 적합
하지 않을까?" 암탉이 말했다.

노구는 됨됨이가 청렴하여, 나쁜 사람들과는
어울리지 않는다는 '청고종합증(淸高綜合
症)'이라는 병이 있었다. 매스컴이 국학에 대
해 과대 선전을 하면 할수록 노구는 그것을
피하려 했다.

에진에는 '사람은 유명해지는 것을 두려워하
고, 돼지는 살찌는 것을 겁낸다.'고들 했지만
요즘 사람들은 유명해지길 원한다. 닭은 독
감을 두려워하고 돼지도 독감을 두려워한다.

"우리 더 이상 도시에 가지 말아요. 아무리 많은 돈을 준다고 해도 가지 말아요." 암탉이 수탉에게 권했다.

"그래. 안 가. 난 사람도 아니잖아. 이름 나고 싶지도 않아." 수탉이 말했다. "걱정 마. 시간이 늦었으니 빨리 자."

시골 생활은 아주 유유자적하고 한가롭다. 포스트현대화가 바로 이렇다. 도시 사람들은 이렇게 말했다.

닭들은 여전히 날마다 철학 고전을 읽었다. 나무 위에 있는 새들은 그들이 그렇게 많은 걸 배우는 게 대체 무슨 소용이 있는 건지 도저히 이해할 수가 없었다.

해가 뜨면 일하고 해가 지면 철학을 배운다. 철학을 배우고 나면 밥을 먹고, 밥을 먹고 나면 백 걸음을 걷는다.

자기 전에 철학을 한 단락을 쓰고 한 단락을 읽으며 꿈에서 또 철학 한 단락을 음미한다. 이것이 바로 철학 삼단론(三段論)인가?

그 무렵 농부들이 도시에서 들려오는 소식 하나를 전해 주었다. 그 텔레비전 방송국은 원래 아마추어 단체고 사기꾼들이 거짓으로 꾸며 낸 곳이라는 거였다.

"뭐?" 텔레비전 방송국도 가짜가 다 있나? 노구는 깜짝 놀랐다. "그 사람들이 모두 잡혔대!"

1. 生活有時山重水複, 有時柳暗花明, 雞們回到了家。

2. 啥是幸福?家人團聚。飯是熱的, 湯是鮮的, 酒是純的, 情是真的。

3. 好日子是安寧的, 有的人不知道, 但雞們知道。

4. 美滿生活是知足的, 有的人不這樣想, 雞們就是這樣想的。

5. 幸福的時光是恬淡的, 有的人並不感覺, 但雞們能感覺到。

6. 甜蜜的日子總是在過去之後, 才回過味來。雞們當時就能體會。

7. 月光是純潔的, 不能觸摸, 只能用心感受。為什麼?人不一定都懂, 雞們都懂。

8. 書上的故事, 信則有, 不信則無。雞們都相信, 人未必都信。

9. 老九是一個十分容易滿足的人, 只要飯是熟的, 床是平的, 足矣!

10. 老九下地幹活的時候, 妻在家跟雞們嘮嗑。

11. 妻子問老九, 菜好吃嗎?好吃好吃!為什麼?

12. 老九想了半天, 不知怎樣回答。母雞說, 這菜不是用手做的, 是用心做的, 所以好吃。

13. 晚上妻子問母雞, 怎麼才能聰明?學哲學啊, 老九可以教你, 母雞說。

14. 世上流行"學好數理化, 走遍全天下"。而學哲學的只有老九一家。

15. 老九講:"昔者莊周夢為蝴蝶, 栩栩然蝴蝶也, 自喻適志與!"母雞說, "蝶入詩, 雞否?"

16. 老九念:"鯈魚出遊從容, 是魚之樂也。"母雞說, 魚入詩, 鴨否?

17. 老九講:"真者, 所以受於天也, 自然不可易也。故聖人法天貴真, 不拘於俗"母雞說, 假話不入詩, 但人有時說假話。

18. 老九又念："不能自勝則從, 神無惡乎? 不能自勝而強不從者, 此之謂重傷。重傷之人, 無壽類矣。"妻說："飯熟了, 神無惡乎?"

19. 老九念："奔蜂不能化藿蠋, 越雞不能伏鵠卵, 魯雞固能矣"母雞說, 我也能呀!

20. 老九念："雞之與雞, 其德非不同也。有能與不能者, 其才固有巨小也。"母雞說"人比人得死, 雞比雞得生。"

21. 一天, 大姥姥問母雞, 老九媳婦幹啥呢?

22. 母雞說, 學哲學呢。什麼是哲學?大姥姥不明白。

23. 就是人每天要念的經書, 母雞說。

24. 能過好日子的哲學有嗎?大姥姥問老九媳婦。

25. 說不好, 哲學可難學了, 妻子搖搖頭。

26. 妻子問："弗知乃知乎! 知乃不知乎! 孰知不知之知?"母雞說, 老九一會兒就回來了, 老九准知道。

27. 老九回來了, 告訴妻："知之為知之, 不知為不知, 是知也。"

28. 老九說："愚者反此。不能法天而恤於人, 不知貴真, 祿祿而受變於俗, 故不足。"母雞問, 它腳怎麼了?

29. "且道者, 萬物之所由也, 庶物失之則死, 得之則生, 為事逆之則敗, 順之則成。"母雞說, 順其自然。

30. "知足者不以利自累也, 審自得者, 失之而不懼, 行修於內者無位而不怍。"我懂了, 母雞說, 知足常樂。

31. 飛蟲笑雞, 你們能飛到哪去呢?不過"數仞而下, 翱翔蓬蒿之間。"雞並不生氣, 以蟲之心度雞之腹。

32. "至人無己, 神人無功, 聖人無名。"雞亦無名。

33. "山木自寇也, 膏火自煎也。桂可食, 故伐之, 漆可用, 故割之。人皆知有用之用, 而莫知無用之用也。"母雞說, 隨遇而安吧。

34. "澤稚十步一啄，百步一飲，不蘄畜乎樊中。神雖王，不善也。"母雞說，善者長壽，惡者遺臭。

35. 今有人日攘其鄰之雞者，或告之日："是非君子之道。"日："請損之，月攘一雞，以待來年，然後已。"母雞說，慢慢來嘛。

36. "如知其非義，斯速已矣，何待來年？"母雞說，是啊，知錯就改嘛。

37. 老九妻每天將老九念過的句子抄下來。

38. 老九回來，喝一口小酒，妻陪著喝水，來喝一口酒吧，莫使金杯空對月。

39. 那天老九累了，沒看書就睡了，妻端著米湯，在一旁等著，老九渴，會喝的。

40. 次日，老九起來了，說了一句："飯疏食，飲水，曲肱而枕之，樂亦在其中矣！"

41. 老九心情好，"朝聞道，夕死可矣。"別，別啊！妻子驚呼！

42. 君子懷德，小人懷土。妻何時懷孕？

43. 有農民兄弟從城裡來了，說城裡人開始將國學了。大姥姥問：啥意思？

44. 在什麼講壇上講。母雞問，是電視臺嗎？

45. 大姥姥來找老九媳婦，讓你家老九上電視臺講講吧，一定招人聽。

46. 大姥姥勸你上電視，妻說：上什麼講壇？老九笑了，俺是農民，電視是城裡人整的。

47. 報紙上開始連載國學講座。

48. 老九看完報，一言不發。妻子收起報紙，留著包東西挺好的。

49. 電視臺正在四處找大公雞呢！今年的金雞獎頒獎大會，邀請大公雞做超重量級嘉賓。

50. 怎麼還超重量級？不是都在減肥嗎？請大肥豬去不更合適嗎？母雞說。

51. 老九有毛病，清高綜合症，媒體越炒國學，老九就越回避。

52. 過去，人怕出名豬怕壯，現在人想出名，雞怕流感，豬也怕流感。

53. 咱不可能進城去了，給多少錢也不能去了！母雞勸大公雞。

54. 是，不去了。我又不是人，不想出名。大公雞說，你放心吧。睡吧，天不早了。

55. 鄉下的日子很悠閒，後現代化就是這樣的，城裡人這樣說。

56. 雞們每天仍讀哲學，樹上的小鳥不明白學這麼多東西有何大用？

57. 日出而做，日落讀哲學。讀哲學後便吃飯，飯後百步走。

58. 睡前寫一段哲學，念一段哲學，夢裡再回味一段哲學。哲學三段論嘛。

59. 農民從城裡帶回一個消息，那電視臺是個草台班子，是一夥騙子假冒的！

60. 什麼？電視臺也有假的？老九大跌眼鏡。人都抓了！

산 너머 저편은 어떤 모습일까?

"도시에서 못 살게 구는 것도 안 좋지만,
시골에서 너무 조용히 사는 것도
별로 안 좋아. 어떡하면 좋지?"

시골의 닭들은 따뜻한 햇볕 속에서 삶을 즐기고 있었다. 실바람이 솔솔 불어왔고 하늘은 몹시 푸르렀다.

닭들이 햇볕을 쬐고 있는데 할머니가 달려와 외쳤다. "수탉, 도시에서 웬 사람이 널 찾으러 왔다!"

"방송국에서 왔지요?" 암탉이 물었다. 할머니는 말했다. "잘 몰라. 그 사람이 저기서 기다리고 있어."

닭들은 찾아온 사람이 있다는 곳으로 걸어갔다. 그는 보건센터에서 왔다고 자기소개를 했다.

"제가 하고 있는 연구가 있는데 수탉 씨의 도움을 청하고 싶습니다."

"먼저 체온을 좀 재 보시겠습니까?" 그가 체온계를 꺼냈다. 할머니는 말했다. "수탉은 열이 나지 않아. 아주 건강해."

강아지는 노구 아내를 찾아 채소밭에 갔다. "도시에서 웬 사람이 와서 수탉을 찾고 있어요!"

노구 아내는 강아지를 따라 집 쪽으로 달려갔다.

도시에서 온 사람은 수탉의 날개를 펼쳐 체온을 재 주었다. 할머니는 닭이 체온 재는 광경을 처음 보았다.

수탉이 체온을 재는 동안 그 사람은 작은 공책 하나를 꺼내 무엇인가 적고 있었다. 할머니는 글자를 몰랐으며 암탉은 그 사람이 아라비아 숫자를 적는 것을 봤다.

체온 검사 결과가 나왔고, 결과를 자세히 보던 그는 깜짝 놀랐다. "이럴 수가?"

"수탉의 체온이 42도라니. 이렇게 높을 수가?" "똑바로 앉아, 그러다 넘어지겠어!" 그 사람은 하도 놀라 그만 쓰러졌다.

체온계를 보던 그는 이내 의식을 잃었다. 할
머니는 매우 놀랐다. "정신 차려! 술도 안 마
셨는데 취했어?"

노구 아내가 달려오자마자 할머니는 손짓했
다. "빨리 와서 도와줘. 이 사람이 의식을 잃
었어. 날 도와 이 사람을 방 안에 들어가게
해라."

노구 아내와 할머니는 그 사람을 부축해 방
안으로 들어갔다.

노구 아내와 할머니는 그를 침대에 눕히고 물
을 먹여 주었다.

그는 깨어나자마자 말했다. "정말 불가사의한 일이다. 42도? 반드시 무슨 원인이 있겠지!" 노구 아내와 할머니는 어리둥절했다. "이게 대체 무슨 소리냐? 이 사람 미쳐버린 게 아니니?"

"웬 신비로운 힘이 있는 게 분명하다. 그 힘 때문에 열에너지가 생긴 거야. 맞아! 안 그랬으면 닭 벼슬이 왜 그렇게 검붉겠어?"

그는 가방에서 주사기와 주사 바늘을 꺼냈다. "이 미친 사람이 뭘 하려고 그러지?"

갑작스레 그가 수탉의 날개를 찔렀다.

그는 수탉을 찔러 피 한 통을 뽑았다.

이어, 그는 그 피를 자기 팔에 주사 놓았다.

주사 바늘을 본 탓인지, 그는 닭 피가 주입되
자마자 잠시 실신했다. "괜찮아요?"

잠시 후 그는 정신을 차렸다. "별일 없으면
다행이네. 제발 사람 놀라게 좀 하지 마쇼!"

기운이 배로 늘어난 그가 가방을 들고 나가려는 차에, 노구가 돌아왔다.

노구가 "당신이 수탉 피를 뽑았어?" 하고 묻자, 그는 아무 말도 하지 않았다. 노구는 다시 말했다. "사실대로 말한 후에 가도 늦지 않아."

"당신 뭐 하는 사람이야?" 노구는 살면서 남들과 서로 그렇게 얼굴을 붉힌 적이 없었는데, 정말이지 해가 서쪽에서 뜰 지경이었다!

"저는 여업과학원(餘業科學院) 원사인데 주로 연구나 실험 같은 일을 합니다. 당신 닭을 언짢게 해서 미안합니다. 방금 일도 모두 연구 사업을 위해서였지요."

그 사람은 체온계를 꺼내 보이며 노구에게 설명했다. "이것 좀 보세요. 수탉 체온이 42도 잖아요?"

"이게 뭘 의미하는 건데요?" "인류 미래의 에너지지요! 누가 그 비밀을 해독할 수만 있다면 그 전 세계가 놀랄 일입니다!"

그는 노구를 선동했다. "저를 도와주십시오! 인류의 과학 사업을 위한 거예요. 이 얼마나 숭고합니까!"

노구는 아내에게 수탉은 괜찮은지 물었다. "괜찮아요. 단지 조금 놀랐을 뿐이에요."

노구는 그를 그대로 보냈다. "나중에 봅시다." 그의 말에 노구는 손을 흔들면서 "다신 오지 마쇼." 하고 대답했다.

며칠 후 신문에 '계혈(鷄血) 주사 요법'에 관한 긴 글이 실렸다.

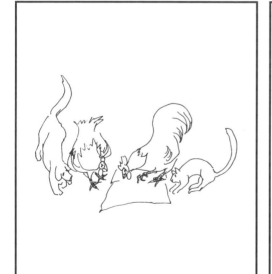

수탉과 암탉은 그 글을 자세히 봤다.

이 글은 그때 우리 집에 온 사람이 쓴 거잖아? 내 날개에 아직도 그 주사 바늘 구멍이 남아 있는데!

"또 신문에 나왔어요?" 강아지가 수탉에게 물었다.

수탉이 또 유명해졌나? 암탉은 걱정하기 시작했다. 사람은 유명해지는 것을 두려워하고 돼지는 살이 찌는 것을 두려워한다. 암탉 역시 수탉이 유명해지는 걸 두려워했다.

수탉은 "걱정 마. 아무 일도 없을 거야." 하고 암탉을 위로했다.

"사람들도 저마다 제 일이 많아 바쁜데, 누가 우리를 생각할 마음의 여유가 있겠어? 안심해도 돼!" 수탉은 넓게 생각했다.

며칠 후 도시에서 기자 한 명이 취재차 방문
했다.

노구는 기자에게 차를 대접했다. 도시 사람
들은 시골에 오면 모두 귀빈이 되는 법이다.

기자는 말했다. "당신네 수탉이 이제 보배가
되었네요. 닭 피가 더 귀하다고 그래요. 닭의
피를 주사 받으면 건강하고 장수한답니다."

기자가 수탉의 피를 뽑는 사진 몇 장을 찍겠
다고 하자, 암탉은 날개를 펼쳐 수탉 앞을 막
아서며 못 찍게 했다.

"오? 너도 초상권이 있니?" 강아지는 기자를 향해 짖었다. 기자는 "정말 주사를 놓겠다는 게 아니야. 포즈 하나만 취해 달라는 것뿐이지." 하고 변명했다.

강아지는 더 시끄럽게 짖었다. 기자는 버럭 소리쳤다. "짖긴 왜 짖어? 수탉은 이걸로 돈을 많이 벌 건데. 이 멍청한 개야!"

"사람들은 헌혈을 할 수 있는데 닭들이라고 왜 못해? 사람을 돕는 일이 즐겁지 않아?"

"사람들은 닭도 먹고, 달걀도 먹어. 이제 와서 닭의 피까지 뽑겠다는데 닭들 보고 살라는 거야, 말라는 거야?" 강아지는 기자를 향해 달려들었다. "빨리 뛰어. 개가 미쳤다."

236

며칠 후 신문에서 전국 각지의 '계혈(鷄血) 요법'이 붐이 되었다는 기사가 났다. 어느 지역에서나 수탉을 찾아보기 어렵게 되었다.

도시 상점에서는 수탉의 피를 팔았는데, 보건 효과가 가장 좋다고 했다.

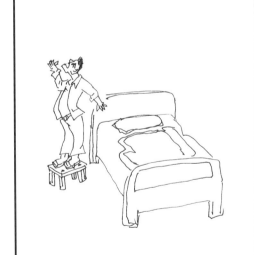

남자들에게 수탉의 피를 주사하면, 이른 새벽에 일어나 울어 대고,

여자들에게 수탉의 피를 주사하면, 달걀만 봐도 그것을 겨드랑이 밑에서 부화시킨다고 했다.

거리에는 각종 닭 피를 주사해 주겠다는 광고
가 걸렸고, 어떤 사람은 닭의 피를 주사해 주
면 만병통치할 것이라고 했다.

또 어떤 사람은 계혈 요법은 사람들로 하여금
불로장생을 하게 해 주는 비방이라고 했다.

수탉의 피는 순식간에 도시에서 값비싸졌다.
심지어 계혈석보다 더 비싸다니까!

계혈주(鷄血酒), 계혈산(鷄血散), 계혈탕약
(鷄血湯藥) 등이 모두 출시되었고, 심지어
어떤 식당에서는 계혈 보약까지 개발했다.

238

시골 닭들의 생활은 늘 조용했다. 암탉이 말했다. "도시 사람들이 와서 못 살게 굴지만 않는다면…."

"도시 사람들이 못 살게 굴지 않으면 우리는 외롭지 않을까요?" 흰 고양이가 말했다.

강아지는 말했다. "맞아. 가끔씩 도시 사람이 와야 시골 일이 신문에 나와."

"신문에 나오는 게 무슨 대수야? 그게 밥 먹여 주냐? 노구 아내가 그 신문으로 물건이나 싸는 거 못 봤어?"

"도시에서 못 살게 구는 것도 안 좋지만, 시골에서 너무 조용히 사는 것도 별로 안 좋아. 어떡하면 좋지?"

서쪽 해가 곧 질 모양이었다. 산 너머 저편은 어떤 모습일까?

"사람들은 헌혈을 할 수 있는데 닭들이라고 왜 못해?
사람을 돕는 일이 즐겁지 않아?"

"사람들은 닭도 먹고, 달걀도 먹어.
이제 와서 닭의 피까지 뽑겠다는데
닭들 보고 살라는 거야, 말라는 거야?"

1.　鄉下的雞們, 享受的太陽是暖暖的, 小風輕輕的, 天空藍藍的。

2.　雞們正在曬太陽, 大姥姥跑來了:"大公雞, 城市來了個人找你呢!"

3.　是電視臺的吧?母雞問, 大姥姥說:不知道, 人在那邊等着呢。

4.　雞們走過來, 來人自我介紹:我是保健中心的。

5.　我在搞一項研究, 想請大公雞幫忙。

6.　先幫忙測下體溫吧!那人拿出體溫計。大姥姥說:大公雞不發燒, 好着呢!

7.　小狗跑到菜園找老九媳婦, 城裏人來找大公雞呢!

8.　老九媳婦跟着小狗往家跑……

9.　來人讓大公雞張開翅膀, 測體溫。大姥姥沒見過雞也要量體溫的。

10.　大公雞正測體溫, 來人拿出小本子, 記着什麼。大姥姥不識字, 母雞看見寫得是阿拉伯數字。

11.　體溫測出來了, 那人細細看:這不可能吧?

12.　大公雞的體溫42度!這麼高?蹲好了, 別摔着!那人驚得坐倒了。

13.　那人看着溫度計, 就昏過去了。大姥姥嚇壞了!醒醒, 沒喝就醉了?

14.　老九媳婦跑回來, 大姥姥招呼, 快來幫把手, 他昏過去了, 幫我把他攙屋裏去。

15.　老九媳婦和大姥姥把那人扶進屋。

16.　那人躺下, 老九媳婦和大姥姥忙着喂水。

17.　那人醒了:太不可思議了, 42度?一定有原因的!啥意思?他有點瘋?

18.　一定有神奇的力量!這種力量產生了熱能, 對!不然雞冠爲什麼這樣紅?

19.　那人從箱子裏拿出針管和針頭, 瘋子又要幹啥?

20. 突然, 他向大公雞翅膀扎去。

21. 那人扎上了大公雞, 抽了一管雞血。
22. 緊接着, 那人將雞血注射到自己胳膊上。
23. 輸過雞血後, 那人還有點暈針, 蹲在地上。你沒事吧?
24. 那人一會就好了, 精神頭兒也來了, 你沒事就好, 別一驚一乍的!

25. 那人精神倍增, 提起箱子要走, 老九回來了。
26. 你抽了大公雞的血?那人不做聲。說清楚了再走也不遲。
27. 你是幹什麼的?老九從來沒有跟人紅過臉, 這次太陽從西邊出來了!
28. 我是餘業科學院院士, 搞點研究和實驗啥的。對不起, 冒犯您家的雞, 都是爲了工作嘛。

29. 那人拿出體溫計向老九講起來, 你看, 42度, 大公雞的體溫。
30. 這意味啥?人類未來的能量啊!誰能破譯其中奧祕, 將驚呆世界!
31. 老九被那人忽悠着, 幫助我吧!爲了人類的科學事業, 崇高啊!
32. 老九問媳婦, 大公雞沒事吧?還好。就是受了點驚嚇。

33. 老九讓那人走了。後會有期, 那人說。老九搖搖手, 你別再來了。
34. 過了幾天, 報紙上登出"雞血注射療法"的長文。
35. 大公雞和母雞認真看了那篇文章。
36. 這文章寫的不就是來咱家的那個人嗎?我翅膀上的針眼還在呢!

37. 你又上報了?小狗問大公雞。
38. 大公雞又出名了?母雞擔心起來, 人怕出名豬怕壯。母雞也怕大公雞出名。
39. 你別擔心, 大公雞安慰母雞, 不會有事的。
40. 人自己那麼多事還忙不過來, 哪還顧得上咱們呢?放心吧!大公雞想開了。

41. 幾天之後, 城裏記者來了, 要採訪大公雞。

42. 老九沏茶倒水, 招待記者。城裏來的人, 到鄉下都是貴客。

43. 記者說, 你家大公雞成寶貝了, 雞血更珍貴, 注射雞血, 健康長壽啊!

44. 記者說要拍幾張抽大公雞血的照片。母雞張開翅膀擋住大公雞不讓拍。

45. 噢?你也有肖像權?小狗衝着記者吼叫, 不是真扎針, 擺個炮斯就行。

46. 小狗叫得更兇了, 叫什麼叫!大公雞要發財了, 你這笨狗!

47. 人能獻血, 雞爲何不能?助人爲樂嘛!

48. 人吃雞, 又吃雞蛋, 還要抽雞血, 還讓雞活嗎?小狗撲上來。快跑啊, 狗瘋了。

49. 又過了幾天, 報紙上說各地出現雞血療法熱。各地公雞都不好找了。

50. 城裏商店賣公雞血, 號稱保健療效最好。

51. 男人注射了公雞的血, 有人早晨作打鳴狀。

52. 女人注射了公雞的血, 有人見到雞蛋就抱在胳肢窩下。

53. 街頭貼各種雞血注射的小廣告, 有的說包醫百病。

54. 有的說雞血療法, 是讓人長生不老的祕方。

55. 一時間, 城裏公雞血貴, 比雞血石還貴!

56. 雞血酒, 雞血散, 雞血口服液紛紛上市, 更有餐館, 推出雞血大補湯。

57. 在鄉下, 雞們的生活依然平靜, "只要城裏人不來折騰", 母雞說。

58. 城裏人不來折騰, 咱們不寂寞嗎?大白貓說。

59. 小狗說, 是啊, 時不時來電城裏人, 鄉下的事就能上報紙。

60. 上報紙有啥?能當飯吃?沒見老九媳婦都包東西了嘛?

61. 城裏折騰不好, 鄉下太寂寞也不好。怎個是好?

62. 西邊的太陽就要落山了, 山那邊是啥樣呢?

복은
함께 누려야 한다

"사람들이 많이 모이면 밥맛도 난다고.
밥그릇이나 젓가락을 많이 사 오고
작은 집 한 채 더 지으면 되지."

해는 날마다 변함없이 떴고, 노구도 날마다 평소처럼 일하고 책을 읽었다. 노구 아내는 매일 철학을 공부했고 닭들과 강아지, 그리고 흰 고양이도 함께 공부했다.

노구 아내는 빨래할 때도 철학적인 문제를 생각하고 있었다. 옷을 빠는 걸까? 아니면 옷이 빨리는 걸까?

도시는 어떤 모습일까? 가 보지는 못했다. 흰 고양이는 노구에게 아내를 데리고 시내 구경 좀 하라고 권했다.

"그래, 맞아. 아내가 시집온 후로는 시내에 한 번도 못 가서, 뭔가 좀 허전한 듯해."

할머니도 와서는, 색시를 데리고 도시에 가서 그녀의 눈을 뜨이게 하라고 부추겼다. "저도 같이 가게 해 줘요!" 흰 고양이가 말했다.

노구가 그럼 집에 있는 닭들과 고양이, 그리고 강아지들은 어떡하냐고 망설이자, 할머니는 대답했다. "그럼 함께 가라, 복은 함께 누려야 된다."

노구는 닭들과 고양이, 강아지에게 말했다. "아내를 데리고 도시에 가려는데 너희들도 함께 가자."

닭들과 고양이, 강아지는 미칠 듯 기뻐했다!

한편 도시로 떠나면서 노구는 책을 챙겼고 아내는 옷을 챙겼다.

할머니는 옷을 한 보따리 정도 싸서 보내왔다. "이걸 가져가라. 도시 사람들은 옷을 자주 갈아 입는대."

노구는 정원에서 농부 형제들과 작별 인사를 했다.

이튿날, 농부 형제는 노구네 식구를 시내로 보내 주었다.

노구와 노구 아내는 시내에 들어서자마자 여업과학원 원사를 만났다. 그는 친절하게 손을 내밀었다.

"제가 큰돈을 벌었습니다. 이건 모두 당신네 수탉 덕분입니다. 자, 식당에 가서 앉지요." 도시 사람들은 정말 친절하네! 만나자마자 바로 식당에 가자고 하고.

"저는 이제 돈이 많아요. 여러분을 좋은 식당에 초대하려고 합니다. 태풍루(泰豊樓) 별실 어때요?"

노구와 노구 아내는 그를 피하려고, 닭을 안은 채 외면하며 가 버렸다.

잠시 뛰어가던 그들은 정면에서 오고 있던 어떤 사람에 의해 가로막혔다. 그는 일행에게 미소를 지으면서 읍했다.

수탉은 그를 알아보았다. 이 사람은 방송국의 그 바람잡이잖아? 감옥에 들어간 것 아니었어? 왜 또 나왔지?

"당신네 집 수탉에게는 재운이 있소. 내가 지금 방송국을 도와 새 프로그램을 기획하고 있는데, 계혈 주사 요법에 대해 설명해 주고 있소. 어서 날 따라 오시오."

"우리는 안 가. 수탉의 피를 팔지 않겠다!"
"이 궁상맞은 지식인아! 돈이랑 원수졌어? 일부러 도도한 척하지 말라고."

강아지는 그에게 달려들어 짖어 댔다. 강아지를 무서워했던 그는 그대로 도망가버렸다.

노구 아내는 "도시가 왜 이렇게 어지럽지?" 하고 물었다. 노구는 "이건 어지러운 게 아니야. 우리가 적응이 안 돼서 그래. 날이 좀 지나면 어지럽다는 생각 안 들 거야."라고 했다.

도시락을 먹은 노구와 아내는 나무에 기대어 쉬다가 잠들었다….

노구와 노구 아내는 강아지 소리에 깨어났다. 눈을 떠 보니 어린애 몇 명이 그들을 신기하게 보고 있었다.

"서커스단 분이세요?" 남자애 한 명이 물었다.

노구는 손을 내저었다. "서커스단이 뭐예요?" 강아지가 물었다.

어린애들은 서커스단 공연이 아니라는 걸 알고 모두 흩어져 갔다.

암탉은 노구에게 "옷을 입어야 될 것 같아요. 도시에서 이렇게 아무것도 입지 않고 있으면 분명 시선을 끌 겁니다."라고 했다.

닭들과 고양이, 그리고 강아지는 모두 사람처럼 정장을 차려 입었다.

옷차림을 단정하게 한 다음, 온 가족이 시내를 향해 의젓하게 출발했다.

노구네는 걷다가 그림을 표구하는 뚱뚱이 선생과 정면으로 마주쳤다.

뚱뚱이 선생은 노구네 식구들에게 자기 집에서 지내라고 권했다. 닭들은 노구를 빤히 바라보면서 무슨 말을 해야 할지 몰라 망설였다.

노구네 식구들이 뚱뚱이 선생 집에서 묵게 되자, 뚱뚱이 선생은 노구에게 그림을 팔아 생계를 유지하라고 했다. 뚱뚱이 선생은 그림을 표구하는 화랑을 하나 경영하고 있었다.

뚱뚱이 선생은 자기가 표구한 그림을 노구에게 보여 주었다. 그림 그리는 솜씨는 보통이었지만 표구 솜씨는 일류급이었다. 말하자면 그림이 3할이고 표구가 7할이었다.

"그래. 뚱뚱이 선생 얘기 듣자." 노구와 뚱뚱이 선생의 사업이 번영하여, 온 가족들이 도시에서 머무를 수 있게 되었다.

생활이 안정되자 노구는 아내에게 닭, 고양이, 강아지를 데리고 시내 구경 좀 하라고 했다.

257

고양이와 강아지는 길거리에서 느린 태극무
를 추는 사람들을 보고 따라 춤추기 시작했
다. 춤은 참을 수 없을 만큼 느렸다.

수탉과 암탉은 사람들이 길가에서 사교춤 추
는 것을 봤다. 암탉도 그들과 함께 춤추고 싶
어했다.

수탉과 암탉이 둥실둥실 춤을 추었지만, 아
무도 그들을 의식하지 못했다. 사람들은 닭
우는 소리를 들으며 춤을 췄다.

밤에 식구들은 집에 돌아와 식사하며 길에서
보고 들은 일에 대해 이야기했다. "도시 사람
들은 정말 낭만적이다!"

이튿날, 강아지와 흰 고양이는 초등학생들이 등교하는 장면을 보고 "이 얼마나 행복한 아이들인가!" 하며 감탄했다.

둘도 학생들을 따라 교실로 들어갔지만 교사는 신경 쓰지 않았다. 강아지와 흰 고양이는 강의를 열심히 들었다.

학교 여학생들은 흰 고양이를 좋아했고,

남학생들은 강아지를 좋아하며 꼬치구이를 사 주었다.

노구 아내는 도시의 골목에서 남의 잡화 가게 경영을 도와주고 있었다.

그곳은 소규모 자본으로 운영하는 작은 잡화 가게로, 조심스럽게 경영하며, 쥐꼬리만 한 수입을 추구했다.

노구는 그림 그리는 솜씨는 훌륭했지만 명성이 그다지 높지 않아서 박리다매의 경영 전략을 채택할 수밖에 없었다.

노구네 식구들은 모두 도시 호적을 갖고 있진 않았지만 단란하게 잘살아 갔다.

그 후 여유 자금이 조금 생긴 노구는 뚱뚱이 선생네 정원 안에 작은 집 두 채를 지었다.

노구 아내는 시골에 있는 할머니를 도시로 모셔 왔다. 강아지는 늦을까 봐 웃옷만 입고 마중하러 뛰어 나왔다.

할머니가 고양이, 강아지, 그리고 닭들을 보니 모두 화려한 옷차림에 가죽 구두를 신고 있어 하나도 알아볼 수가 없었다.

노구는 할머니를 모시고 뚱뚱이 선생 친구가 경영하는 국수집에 식사하러 갔다.

며칠 후에 할머니는 강아지가 매일 잘 차려 입는 것을 보고 "외국 손님을 만나나?" 하고 물었다.

강아지는 "외국 손님들은 저를 안 만나 주지요. 지도자들이 저를 접견하기를 기다리고 있습니다." 하고 대답했다. 흰 고양이가 덧붙여 설명해 주었다. "지도자라는 것은 군무(群舞)의 리더를 가리키는 것이에요." 할머니는 그 해석을 듣고 나서도 알 듯 모를 듯했다.

그날은 비가 내렸다. 그림도 그릴 수 없었고, 표구도 할 수 없었다.

노구는 온 가족을 데리고 빗속에서 산책했다. 도시 사람들은 이렇게 빗속에서 걷기를 좋아한다. 할머니는 이런 미친 짓 따위 하지 않았다.

도시에서 보내는 세월은 정말 빨랐다. 할머니는 이내 농부 형제들도 도시로 데려오고 싶어했다.

"데려오면 좋지. 도시에서는 쉽게 생계를 유지할 수 있으니까. 사람들이 많이 모이면 밥맛도 난다고. 밥그릇이나 젓가락을 많이 사오고 작은 집 한 채 더 지으면 되지."

농부 형제들은 곧 도시에 왔다. 그들은 야채까지 가져왔다. 온 집안 식구들이 함께 자고 먹으며 잘사는 샤오캉(小康) 사회[14]를 위해 노력하고 있었다.

이후 도시에 새로운 동네가 하나 생겼다. 그곳에 사는 거주민들은 모두 도시 호적을 갖고 있지 않았지만, 오히려 남들보다 생활 철학에 대해 훨씬 더 잘 알고 있었다.

---

14 샤오캉(小康)은 중국인들이 꿈꾸는, 비교적 편안하고 넉넉한 사회를 말한다.

1. 太陽每天照常升起, 老九每天照常幹活讀書, 老九媳婦每天學哲學, 雞、狗、白貓也學。

2. 老九媳婦洗衣時, 也在想哲學問題 : 是洗衣, 還是衣被洗?

3. 城裏什麼樣?也沒去過。大白貓勸老九帶媳婦去看看。

4. 是啊, 媳婦過門後, 也沒進過城, 好像缺點什麼。

5. 大姥姥也來勸老九, 帶媳婦去城裏開開眼, "我也去!"大白貓說。

6. 老九說家裏的雞、貓、狗怎麼辦?大姥姥說一起去吧, 有福同享。

7. 老九與雞們和貓狗說, 要帶媳婦進城, 你們也一塊去。

8. 雞們和貓們欣喜若狂!

9. 又要進城了, 老九帶上書, 媳婦帶上衣服。

10. 大姥姥送來一包衣服, 帶着吧, 城裏人衣服換得勤。

11. 老九在院子裏與農民兄弟喝酒話別。

12. 次日, 農民兄弟送老九全家進城。

13. 老九和媳婦剛進城, 就遇上餘業院士。他熱情地要握手。

14. 我發財了, 可得感謝你家大公雞。走, 到餐館坐坐。城裏人多熱情!剛見面就請下館子。

15. 我有錢了, 請你們吃館子, 就去泰豐樓吧, 雅座?

16. 老九和媳婦抱着雞扭頭就走, 唯恐避之不及。

17. 跑了一會, 迎面又被人攔住, 微笑作揖。

18. 大公雞認出來了, 正是電視臺的那託。不是進局子了嗎?怎麼又放出來了?

19. 你家大公雞財運來了, 我在幫電視臺策劃一個新節目, 講雞血注射好處多, 快跟我走吧!

20. 我們不去, 大公雞不賣血! 臭老九, 跟錢過不去是吧? 窮清高。

21. 小狗衝上來, 對那人狂吠, 那人怕狗, 跑掉了。

22. 老九媳婦說城裏怎麼這樣亂啊。老九說: 不是亂, 是咱們不習慣, 日子久了, 就感覺不到亂了。

23. 吃完盒飯, 老九和媳婦靠在大樹下歇一會, 睡覺了⋯⋯

24. 老九和媳婦被小狗叫醒了, 睜開眼: 幾個小孩正好奇地看着他們。

25. "你們是馬戲團的嗎?" 一個小男孩問。

26. 老九擺擺手。"啥叫馬戲團?" 小狗問。

27. 小孩們見不是演馬戲的, 就散去了。

28. 母雞對老九說, 我們還是穿上衣服吧, 在城裏這麼裸着太招眼了。

29. 雞們和貓狗全着上正裝, 像人一樣。

30. 穿戴整齊, 全家人向城裏大大方方進發。

31. 老九他們正走着, 迎面遇到了裱畫的胖子。

32. 胖子定要老九全家住到他家去。雞們看着不知該說啥是好。

33. 老九家住下後, 胖子建議老九賣畫爲生, 胖子裝裱, 開個畫廊。

34. 胖子把裱好的畫拿給老九。畫技平平, 裱工一流。三分畫, 七分裱嘛。

35. 好吧, 聽胖子的話, 老九與胖子生意興隆, 一家人落腳謀生。

36. 生活安定下來, 老九讓媳婦帶上雞貓狗上街轉轉。

37. 貓狗在街上看見有人跳太極慢舞, 便跟着起舞, 太慢了, 沒耐心。

38. 大公雞和母雞看見路邊人們跳交際舞, 母雞也想跳。

39. 大公雞和母雞翩翩起舞, 沒有人注意它們, 聞雞起舞。

40. 晚上大家回來吃飯, 紛紛講着街上所見所聞, 城裏人真浪漫啊。

41. 次日, 小狗和白貓看着小學生們上學, 多幸福的孩子啊!
42. 它們也跟進教室, 老師沒管。小狗和白貓認真聽課。
43. 學校裏的女生們喜歡白貓。
44. 男生喜歡小狗, 請它吃烤串。

45. 老九媳婦在城裏的小衚衕, 幫人家的雜貨鋪看攤。
46. 小雜貨鋪, 小本生意, 小心經營, 蠅頭小利。
47. 老九雖畫技精湛, 但沒名氣, 只能薄利多銷。
48. 老九全家均無城市戶口, 但也過得其樂融融。

49. 老九有了餘錢, 在胖子家院子裏又蓋了兩間小房。
50. 老九媳婦把鄉下的大姥姥也接來城裏, 小狗來不及, 穿了上裝就跑出來迎接。
51. 大姥姥看到貓狗和雞們, 個個鮮衣革履, 都不認識它們了。
52. 老九請大姥姥到胖子朋友開的麵館吃飯。

53. 住了幾日後, 大姥姥見小狗每日都穿得人模狗樣的。見外賓嗎?
54. 小狗說, 外賓纔不見我呢, 俺等着被領導見。白貓解釋說, "領導就是領着跳舞的人。"大姥姥似懂非懂。
55. 這天下雨了, 不能作畫, 也不能裱畫。
56. 老九帶全家, 雨中散步, 城裏人就喜歡這樣, 雨中行。大姥姥不去抽瘋。

57. 城裏的日子過得快。大姥姥想把那幾個農民兄弟也接來。
58. 接來好, 城裏好找生活, 人多吃飯香, 多買些碗筷, 在蓋間小房。
59. 農民兄弟來了, 還帶來菜。大家一起住, 一起吃, 一起奔小康。
60. 後來, 城裏多了一個小區, 居民都無城市戶口, 但他們卻比有的人更懂得生活哲學。

271